10대를 위한

그릿

First published in Great Britain in 2018 by Wren & Rook

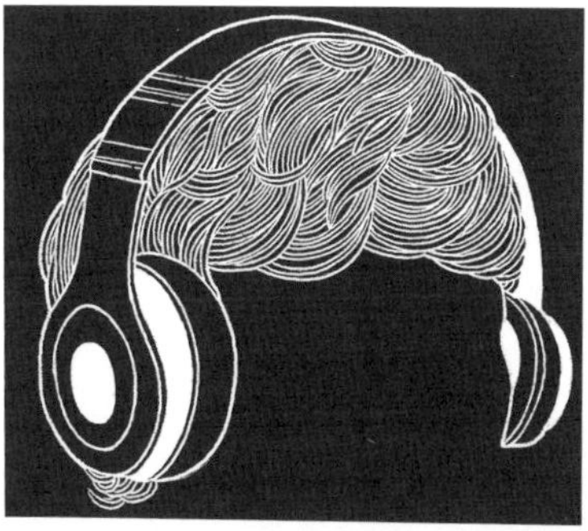

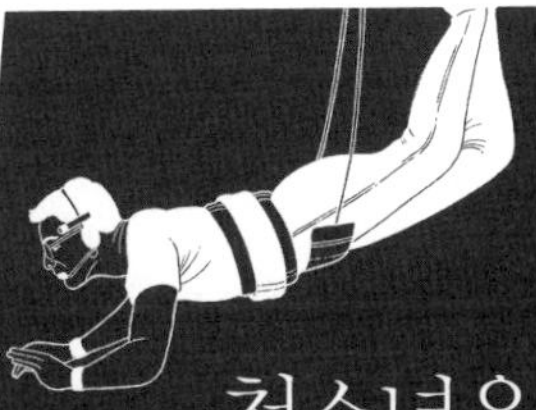

청소년을 위한
꿈과 자신감의 비결

10대를 위한 그릿

GRIT

SMALL STEPS AND GIANT LEAPS

매슈 사이드 지음 | 장혜진 옮김

다산에듀

들어가며

여러분의 성공 그릿을 찾아서

"난 제대로 하는 게 하나도 없어."

"전 못해요, 이렇게 힘든데 어떻게 하나요?"

공부도 잘하고 싶고, 춤도 잘 추고 싶고, 친구들과도 잘 지내면서 뛰어난 능력을 발휘하고 싶은 여러분. 하지만 무언가를 '잘한다는 것'이 너무나 어려운 일인 것 같아 고민이지요? 나는 좋은 성과를 낼 능력이 없다고 지레 겁먹는 일도 많을 거예요.

이렇게 무슨 일이든 쉽게 싫증내고 포기하는 청소년들에게 무엇이 필요할까요? 최근 연구에 따르면, 성공의 비결은 타고난 재능이 아니라 실패해도 두려워하지 않고 끝까지 해내는 '그릿(Grit, 열정, 끈기, 인내)'이라고 밝혀진 바 있습니다. 특히 조금만 힘들어도 쉽게 포기하고 금방 성과가 나타나기를 바라는 요즘 청소년들에게 그릿의 가치를 일깨워 주는 것은 더욱 중요해지고 있습니다. 저는 여러 가지 시행착오를 겪으며 왕성하게 성장하고 있는 10대들에게 '그릿'의 가치를 알려 주고 이를 통해 성장할 수 있도록 돕고 싶은 마음에 이 책을 집필했습니다.

여러분, 어떤 일을 잘해내는 것은 생각보다 그리 어렵지 않습니다. 여러분 마음속에 꿈을 향해 나아가는 그릿을 심기만 하면 되거든요. 이 책이 탄생한 이유가 바로 여기에 있습니다.

그런데 '그릿을 마음속에 심는 일도 어렵겠지?' 혹시 이런 생각을 하는 친구가 있나요? 물론 이런 반응도 이해는 합니다. 여러분 곁에는 별로 노력도 안 하는 것 같은데 항상 시험을 잘 보는 친구도 있고, 짜증 날 정도로 나보다 축구를 잘하는 친구도 있을 거예요. 그런 걸 보면 그릿 또한 타고난 사람에게나 있는 능력이라고 생각할 것입니다. 또 '이런 그릿을 어떻게 갈고닦아라는 거야? 난 못해'하고 포기할 수도 있어요.

이 책은 그런 생각부터 깨부숩니다. 여러분이 멋지게 성공하는 데 결정적인 요소가 될 그릿을 어떻게 마음속에 심을 수 있을

지, 그 명확하고 효과적인 방법을 알려 주는 것이 이 책이 존재하는 이유입니다.

우리는 앞으로 탁월함에 이르는 비법은 물론, 자기 분야에서 최고가 된 사람들의 성공 비결을 볼 거예요. 또한 성공이란 무엇인지 속속들이 살펴보고, 내가 잘하고 싶은 일을 어떻게 해야 눈 감고도 척척 해낼 수 있는지를 알기 위해 뇌도 들여다 볼 거예요. 그런 다음, 자신감을 쌓고 잠재력을 발휘하기 위한 전략들로 온 몸을 무장할 겁니다. 그 과정에서 남들보다 뛰어나려면 필요하다고 들어 왔던 고정관념들을 깨뜨리며, 큰 성공을 이룬 사람들이 정상에 오른 방법도 자세히 알아봅니다. 물론, 여러분이 바라는 모습이 되기 위해 필요한 지원과 조언도 아낌없이 제공할 거예요. 그래서 이 책을 따라 하기만 하면, 목표를 이룰 수 있는 그릿이 여러분 몸과 마음에 뿌리내릴 수 있게 될 겁니다.

잠깐, 여기서 중요한 질문을 하나 던지겠습니다. 엄청난 수학 성적을 받고, 놀라운 피아노 연주를 선보이고, 실물보다 더 진짜 같은 정물화를 그리는 위대한 사람들이 '연습을 안 했다'라고 말하는 걸 들어 본 적이 있나요? 난 연습 한번 없이 이렇게 뛰어난 성과를 냈다고 하는 걸 말이죠. 만약 들어 봤다면… 그건 분명 거짓말입니다! 자, 이제 이 책을 따라올 준비가 됐나요? 그럼 바로 시작해 보죠.

차례

프롤로그 **여러분 안에 있는 그릿을 찾아서 … 4**

1장 평범한 책은 몰랐지만 특별한 책은 알았던 것

01 한 소년의 이야기 … 13

부모님의 깜짝 선물 | 갈림길1_평범한 책 | 갈림길2_특별한 책 | 꿈은 이루어질 수 있을까?

02 특별한 탁구 선수를 만든 노력들 … 29

나는 타고나지 않았다 | 재능을 뛰어넘는 힘

2장 나도 포기하지 않는 사람이 되고 싶어!

03 무엇이 우리를 가로막을까? … 43

불안한 세상 속 자신감이 필요해 | 마음속 이야기를 들어 봐

04 고정형 사고방식 VS 성장형 사고방식 … 64

캐롤 드웩의 그릿 실험

05 쉽게 포기하게 만드는 고정형 사고방식 … 70

나는 고정형 사고방식을 가졌을까? | 로켓반VS 거북이반

06 포기하지 않는 나를 만드는 성장형 사고방식 … 77

나는 성장형 사고방식을 가졌을까? | 성장형 사고방식의 특징

+유명인의 실패담 스티브 잡스

+그릿 액션1 걱정거리를 없애는 '걱정 단지' 만들기

3장 그릿이 가득한 뇌를 어떻게 만들까?

07 뇌를 훈련할 수 있을까? … 89

뇌에 관한 별난 사실들 | 뇌는 쓸수록 좋아진다 - 신경 가소성 원리 | 신경 경로를 만드는 법

08 블랙캡 운전사들의 뇌를 스캔하면 알 수 있는 것 … 99

인간 내비게이션? | 택시 운전사와 버스 운전사의 두뇌 대결

+유명인의 실패담 J.K 롤링

+그릿 액션2 그릿이 가득한 뇌를 만드는 방법

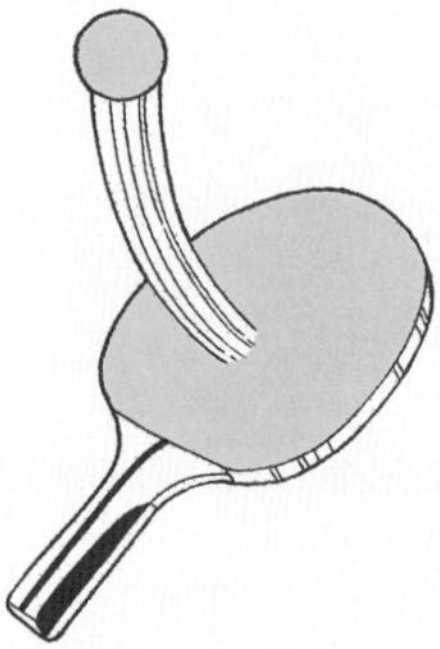

4장 탁월함을 만드는 연습은 다르다고?

09 연습이 불러온 기적 … 111

노력하지 않고도 잘 하는 일

10 특별한 나를 만드는 연습의 비밀 … 119

혹독하게, 더욱 혹독하게 연습하라 | 연습으로 탁월함을 얻은 사람들 | 피드백과 친해져라

11 일상 속 연습 계획 세우기 … 130

+유명인의 실패담 제이지

+그릿 액션3 혹독한 훈련 계획을 세우는 법

5장 정말 천재는 타고나는 것일까?

12 같은 출발선, 다른 결과를 불러오는 요소들 … 143

빛나는 왕관 뒤에는 고단한 연습이 있다 | 누구나 실수를 하지만 아무나 발전하지는 않는다

13 성장형 사고방식의 그루브를 타라 … 150

재능 신화를 깨부수자 | 입장 바꿔 생각해 봐

+유명인의 실패담 월트 디즈니

+그릿 액션4 성장형 사고방식을 부르는 주문을 외워 보자

+그릿 액션5 성장형 사고방식 언어로 바꿔 보자

6장 작은 발걸음, 위대한 도약

14 유일무이함을 가져오는 작은 차이 … *175*

한계 이득 실천법이란?

15 잘게 쪼개고 완벽을 더해 큰 꿈을 이루다 … *182*

한계 이득 실천법 계획하기 | 매슈표 한계 이득 실천법_블록 게임 | 매슈표 한계 이득 실천법_시험 성적

+유명인의 실패담 마윈

+그릿 액션6 한계 이득 실천법 계획하기

7장 압박감이 나를 덮칠 때

16 모든 걸 망치는 숨 막힘의 공포 … *203*

17 초킹을 극복할 수 있을까? … *205*

+유명인의 실패담 제니퍼 로런스, 로리 매킬로이, 빌 버크너, 이디나 멘젤

+그릿 액션7 초킹에 대비하는 법

8장 무엇도 날 막을 순 없어!

18 인생은 때로 생각지 못한 변화구를 던진다 … *219*

19 끝까지 해내는 에너지를 얻는 비결 … *224*

20 해내는 것 자체가 중요하다 … *229*

부록 '그릿'에 관해 더 알고 싶다면 … *231*

탁월한 결과를 만드는 훈련 계획표 … *232*

“한 번도 실수를 안 한 사람은
한 번도 새로운 것을 시도하지 않은 사람이다.”

- 20세기 과학 혁명을 일으킨 상대성 이론의 과학자, 알베르트 아인슈타인

1장

평범한 책은 몰랐지만 특별한 책은 알았던 것

01

한 소년의 이야기

여기 10대 소년, 잭이 있습니다. 잭이 사는 곳은 영국의 어느 외곽 도시, 그중에서도 지극히 평범한 동네입니다. 잭은 주말이면 특별할 것 없는 쇼핑센터에서 시간을 보내다가, 오후가 되면 집으로 돌아가 저녁을 먹습니다. 늘 비슷비슷한 메뉴로 저녁을 먹고 나면 자기 방으로 들어가 만화를 보거나 침대에 누워 천장만 바라보다 잠이 듭니다. 평범하기 그지없는 하루죠.

잭이 사는 동네에서는 수많은 사람들이 아는 유명인, 그러니까 위대한 업적을 남기고 세상을 바꾼 그런 사람들을 찾기 힘듭니다. 그럭저럭 알아볼 만한 TV 기상 캐스터 한 명과 1980년대에 빨래 건조기의 핵심 부품을 발명했다는 사람이 있긴 한데, 그 외에는 이렇다 할 인물이 아무도 없습니다. 솔직히 말해서, 참 따분한 곳이지요.

어째서 따분한 잭의 일상과 그의 동네 이야기를 하는지 궁금한가요? 평범한 방, 평범한 침대에 누워 자고 있을 잭을 들여다보는 게 무슨 의미가 있는지도 모르겠다고요? 그러나 잭의 이야기에는 의미가 있습니다. 잭이 평범하다고 말할 수 있는 이유는 잭과 여러분이 꼭 닮아 있기 때문입니다.

여러분은 대부분의 시간을 학교에서 보내고 방과 후나 주말엔 친구를 만나 놀거나 숙제를 하는 일상을 보낼 겁니다. 여러분도 잘 아는 그 평범한 일상을 잭도 똑같이 살고 있습니다.

이렇게 여러분과 닮은 평범한 잭에게 인생이 완전히 뒤바뀔 만한 놀라운 일이 이제 곧 펼쳐집니다. 물론 방사능 거미에 물리거나 벼락을 맞아서 초능력을 갖게 되었다는 이야기는 아니니 안심하세요.

• 부모님의 깜짝 선물 •

잭의 기적은 어느 날, 방과 후 집에 돌아오면서부터 시작됩니다. 웬일로 부모님이 집 밖에서 잭을 기다리고 있었습니다. 생각지 못한 환대에 잭은 의문을 품고 걸음을 늦추었습니다. 자세히 살펴보니 엄마는 들뜬 마음에 뒤꿈치를 들고 있었고 아빠는 입

꼬리를 끌어올려 웃고 있었지요. 순간, 잭은 뭔가 근사한 선물이 준비되어 있음을 확신했습니다. 잭의 부모님은 종종 깜짝 선물이나 놀라운 소식이 있을 때 그런 모습을 보였거든요.

"잭, 눈을 감아 보렴."

엄마의 말에 잭은 설레는 표정으로 눈을 감고 어떤 선물일지 상상했습니다. 근사한 운동화? 최신식 게임기? 그러면서도 지난번 받았던 트램펄린 같은 선물은 절대 아니기를 바랐습니다. 그 트램펄린은 몇 번 타지도 않았는데 찢어지는 바람에 큰 창피를 당했기 때문입니다.

"자, 이제 눈 떠 봐!"

아빠가 차고 문을 열고는 들뜬 목소리로 말했습니다. 잭은 얼른 눈을 뜨고 눈앞의 광경을 확인했습니다. 그런데 순간 자신이 선물을 못 찾고 있다고 생각했습니다. 앞에 있는 건 낡은 탁자 하나뿐이었으니까요.

"어… 탁자네요. 그것도 아주 낡은."

"아니야. 잘 봐. 이건 그냥 탁자가 아니라 탁구대라고!"

의기양양하게 잭의 뒤에 서 있던 아빠가 앞으로 튀어나오며 말했습니다. 그런 아빠의 반응에 미처 대꾸할 겨를도 없이, 어느새 엄마가 잭의 손에 탁구채를 쥐여 주었습니다. 그러고는 숨 돌릴 틈조차 주지 않고 잭을 탁구대 앞으로 떠밀었습니다.

"뭘 망설여? 얼른 자세를 잡아!"

엄마는 신난 얼굴로 잭을 재촉했습니다. 아빠도 들떠 있기는 마찬가지였습니다. 다리를 쭉쭉 펴고 허리를 구부렸다 폈다 하며 어찌나 거칠게 몸을 푸는지, 저러다 다치지는 않을까 염려될 정도였죠. 심지어는 행운의 헤어밴드를 차고 와야 한다며 집으로 들어갔다 나오기까지 했습니다.

"자, 간다!"

간신히 준비운동을 마친 아빠가 탁구대 반대편에서 소리쳤습니다. 잭은 네트 건너편의 아빠를 응시했습니다. 그저 간식이나 좀 먹고 만화나 보다가 저녁 산책을 나갈까 싶었던 잭의 방과 후 시간은 그렇게 예상치 못한 길로 접어들었습니다. 어쨌든 탁구채를 손에 쥐었으니, 잭은 자세를 잡았습니다.

그리고 바로 여기! 이 지점에서 잭의 이야기에 일시 정지를 눌러 봅시다. 지금 잭은 인생의 커다란 갈림길에 섰습니다. 두 갈래의 길, 한쪽 길은 잭을 지금처럼 평범하고 특별할 것 없는 인생으로 이끌 것이나 다른 길은 믿기 힘들 정도로 엄청난 변화로 이끌 것입니다. 전자의 길을 선택한 잭을 '평범한 잭', 후자의 길을 선택한 잭을 '특별한 잭'이라 이름 붙이고 두 소년의 인생을 계속 따라가 보겠습니다.

• 갈림길1_평범한 잭 •

평범한 잭은 온 정신을 집중하고 아빠의 서브를 기다렸습니다. 이윽고 탁구공이 총알처럼 쌩하고 네트 위를 가로질러 왔습니다. 잭은 공을 놓쳤습니다. 제대로 헛스윙을 했죠. 잭은 자신이 운이 없어 공을 놓쳤다고 생각했습니다. 아빠가 실력을 발휘해 서브를 잘 넣었다기보단 그냥 운이 좋아 잘 먹혀들었던 거라고 생각했습니다. 어쩌면 요란한 몸 풀기나 행운의 헤어밴드 덕분일 수도 있었죠. 어쨌든 잭은 방금 전의 실수를 대수롭지 않게 여기며 다시 자세를 잡았습니다.

다시 아빠가 서브를 넣었습니다. 이번에는 공이 채에 빗맞은 후 탁구대 모서리에 튕겨 차고 밖으로 날아가 버렸습니다.

"괜찮아. 다시 해 봐."

아빠는 잭을 다독였지만 얼굴이 홍당무처럼 달아오른 잭은 대답도 하지 않았습니다. 잭은 이 순간이 그다지 즐겁지 않았습니다.

잭은 다시 서브를 받았습니다. 이번에는 공을 맞받아 간신히 네트 위로 넘겼습니다. 그러나 아빠가 엄청난 힘으로 되받아치는 바람에 공은 다시 미사일처럼 잭을 향해 날아왔습니다. 그러고는 공은 탁구대 끝을 맞고 잭의 팔꿈치를 퍽 때렸죠.

잭은 차고 바닥에 떨어진 공을 주우며, 속에서 불쑥 화가 치미는 걸 느꼈습니다. 더 이상 탁구를 치고 싶지 않아서 탁구대로 돌아가는 다리는 천근만근이었죠.

'아무래도 안 되겠어.'

잭은 이제 아빠에게 계속해서 굴욕을 당하거나 아니면 방에 들어가 게임기를 다시 손에 쥐거나, 그 둘 중 하나를 선택해야 할 때라고 생각했습니다. 그리고 짧은 고민 끝에, 결국 게임기의 손을 들어 줍니다.

"이제 그만 칠래요. 아무튼 선물은 감사해요."

탁구채를 탁구대에 내려놓고 그대로 집 안으로 사라졌습니다. 한동안 부모님은 서로를 탓했습니다. 꼭 그렇게 이겨야 했냐고 엄마가 아빠를 비난하는 쪽에 더 가까웠지만요. 어쨌거나 잭을 다시 탁구대 앞으로 불러오기엔 늦어 버렸다는 사실은 명백했습니다.

일주일 후, 잭의 팔꿈치 멍이 겨우 옅어지기 시작할 즈음 아빠는 다시 탁구 게임을 제안했습니다.

"아, 난 탁구 잘 못 친단 말이에요."

잭은 투덜대며 거부했습니다. 엄마는 잭을 달래 보려고 한 가지 제안을 했습니다.

"형이랑 연습해 봐."

세상에, 그건 잭에겐 최악의 제안이었습니다. 형의 열정은 아

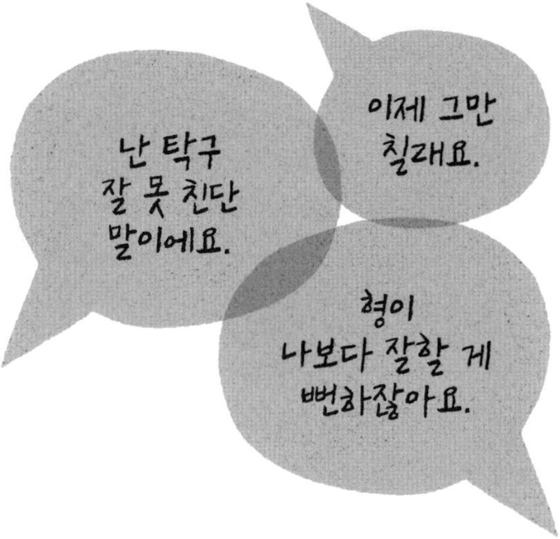

빠와는 비교도 안 될 정도였으니까요. 형은 교내 달리기 대회에 나가면서도 1만 미터 결승전에 나선 장거리 육상 선수라도 된 마냥 호들갑을 떨었습니다. 게다가 형에게 탁구를 지면, 한동안 형은 잭의 형편없는 탁구 실력을 동네방네 소문낼 게 뻔했습니다. 상상만 해도 끔찍했죠.

"싫어요. 형이 나보다 잘할 게 뻔하잖아요."

잭은 한숨을 내쉬며 자기 방으로 갔습니다.

시간이 흘렀습니다. 아무도 찾지 않는 차고의 탁구대에는 뿌옇게 먼지만 쌓였습니다. 이후 탁구대 위에는 엄마가 가져다 둔 아빠의 골프채만이 덩그러니 놓였지요. 아빠의 골프채는 계속

늘어났고, 탁구대 위의 공간도 점점 부족해졌습니다. 차고가 꽉 차 어수선해지자 결국 엄마는 탁구대를 분리해서 한쪽에 세워 놓았습니다. 그리고 얼마 후, 탁구대는 옆집에 사는 이웃에게 헐값에 팔리고 말았습니다.

그러는 동안 잭은 계속해서 '그럭저럭' 살고 있었습니다. 성적표에는 '더 노력해야 한다'는 말이 매번 쓰였지만, 잭이 노력하는 일은 결코 없었지요. 잭에게 도전이란 여전히 장애물이었고 무조건 피하는 게 상책인 그런 일이었습니다.

제발 밖에 좀 나가라는 부모님의 애원에도 잭은 눈 하나 깜짝하지 않은 채 방 밖으로 한 발자국도 나가지 않았습니다. 손에는 게임기를 쥐고 바로 옆에 과자를 놓아 둔 채, 평범한 잭은 아무

것도 시작하지 않았습니다. 아무것도요. '평범한 잭'이라는 수식어가 아깝지 않은 나날이었습니다.

그러던 어느 날, 잭은 시간을 때우려고 TV 채널을 돌리다 전국 탁구 선수권대회 결승전 중계를 보게 됩니다. 경기를 보다 보니 차고에서의 끔찍하고 별 볼 일 없던 탁구 데뷔전이 떠올랐습니다. 잭은 그날의 기억에 고개를 흔들고 TV 화면에 집중했습니다.

전국 선수권대회는 큰 체육관에서 수백 명의 관중이 지켜보는 가운데 열리고 있었습니다. 카메라는 손에 탁구공을 든 선수를 클로즈업했습니다. 서브 직전, 선수는 한 치의 흔들림도 없이 차분했습니다. 마치 이 순간을 위해 오랜 시간 훈련해 온 것 같았죠. 잭은 저도 모르게 허리를 곧게 펴고 앉았습니다. 화면에서 눈을 뗄 수 없었습니다. 왜냐하면 서브를 준비하는 화면 속 선수가 놀랍도록 낯익었거든요!

• 갈림길2_특별한 잭 •

이제 다시, 잭이 갈림길에 섰던 순간으로 돌아가 봅시다. 잭이 네트 너머 아빠를 마주했던 순간을 기억하죠?

서브를 받아치려는 잭의 첫 번째 시도는 형편없이 빗나갑니다. 두 번째는 더 엉망이고, 세 번째 시도는 팔꿈치에 멍만 남겼습니다. 하지만 '평범한 잭'과 달리 '특별한 잭'은 무언가 속이 뒤틀리는 것을 느꼈지요. 처음엔 학교에서 쉬는 시간에 먹었던 초콜릿 바 두 개가 얹혔나 생각했습니다. 하지만 아니었습니다. 이건 소화 불량과는 다른 느낌의 뒤틀림이었습니다.

곧이어 잭은 깨달았습니다. 죽을힘을 다해 경기를 해서 실력이 조금이라도 나아지는 모습을 보여 주고 싶다는 마음, 아빠를 상대로 1점이라도 얻어 내고 말겠다는 마음이 제 속에서 꿈틀대고 있다는 것을요.

물론 고쳐야 할 점이 있다는 건 알고 있었습니다. 사실 잭의 탁구 실력엔 바로잡을 점이 산더미처럼 많았습니다. 그래도 잭은 적어도 탁구채를 던져 놓고 집 안으로 들어가 버리지는 않았습니

다. 대신 마음속으로 다짐했지요.

'노력하면 조금이라도 나아질 거야. 밑져야 본전 아니겠어?'

바로 그때, 우리의 특별한 잭은 평범한 잭이 포기했던 그 지점에서 다른 선택을 합니다. 차고 밖으로 나간 탁구공을 주워 들고 다시 탁구대 앞으로 돌아온 것입니다. 그리고 다시, 또다시, 또 또 다시… 아빠의 서브를 받아 내기 위해 분주히 노력했습니다.

한 시간이 흐른 뒤에도 잭은 여전히 아빠를 상대로 1점도 가져오지 못했습니다. 하지만 잭의 실력은 한결 나아졌습니다. 더 이상 탁구공에 맞지도 않았고, 불안정했던 자세도 차츰 균형을 찾아 가고 있었죠. 몇 번은 제법 멋지게 공을 받아 넘기거나 아빠의 옆으로 아슬아슬하게 스매싱을 날리기도 했습니다. 스스로도 깜짝 놀랄 순간이었지요.

물론 잭은 아직 대회에 나가 상을 탈 수준은 못 되었습니다. 그러나 대회에 나가 우승하는 꿈을 꾸는 건 할 수 있었습니다. 오히려 그런 꿈이 잭의 열정을 불타오르게 했지요. 잭은 조금씩 발전했습니다. 그리고 무엇보다, 어느새 탁구를 즐기고 있었어요. 연습이 계속되자 잭은 날아갈 듯 기뻤습니다. 아무래도, 특별한 잭에게 부모님의 이번 깜짝 선물은 대성공인 것 같죠?

평범한 잭은 자신이 탁구를 잘 치게 될 리가 없다며 아예 포기해 버렸던 반면, 특별한 잭은 탁구 실력이 나아질 수 있다고 믿으며 연습에 매달렸습니다. 특별한 잭은 진심으로 탁구 실력이 나아지길 원했습니다. 할 수 있는 한 최대로 실력을 키우고 싶었죠. 그렇게 특별한 잭은 최고의 탁구 선수가 되기로 더욱 단단히 다짐합니다. 얼마나 자주 연습을 할 것인지 계획도 짰지요. 실력 향상의 관건은 연습량이라는 사실을 알고 있었으니까요.

특별한 잭은 연습을 하면 할수록 점점 더 탁구를 좋아하게 되었습니다. 얼마나 좋아했는지, 승부욕의 화신인 형에게도 같이 연습해 달라고 부탁할 정도였습니다. 이상하게도 특별한 잭은 형이 탁구를 더 잘 치면 어쩌나, 그래서 창피를 당하는 건 아닌가 하는 걱정이 들지 않았습니다. 아니, 오히려 형이 더 잘 쳤으면 좋겠다고 생각했습니다. 형이 잘 치는 모습을 보고 자신도 그에 못지않게 잘 치고 싶어져 더욱 열심히 연습하게 될 걸 알았기 때문이죠.

형은 잭의 부탁을 들어주었습니다. 형제는 차고에서 탁구를 치는 데 무척 많은 시간을 쏟았습니다. 한번 빠지면 끝이 안 나자 잭의 아빠는 두 아들이 괜찮은지를 확인하러 차고에 와야 했지요. 이렇게 손에 탁구채를 쥐고 보낸 수많은 시간 덕분에 잭은 나날이 발전했습니다. 그리고 마침내 아빠나 형조차 꿈도 못 꿀 기량을 갖추게 되었습니다.

그리고 한 가지, 더 놀라운 일이 벌어졌습니다. 잭의 동네에

'탁구가 매우 재미있다.'라는 소문이 퍼진 겁니다. 평범한 동네에서 누군가 새로운 일을 벌이면 어떻게 될까요? 바로 너도나도 그 일을 해 보고 싶어지게 됩니다. 잭은 알지도 못하는 사이에 온 동네에 탁구 열풍을 불러일으켰습니다. 학교와 동네에 탁구 클럽이 생겼고 신입 회원이 넘쳐났죠.

그즈음 잭은 시간이 날 때마다 시도해 온 탁구 연습 덕분에 그냥 잘하는 수준을 넘어 무진장 잘하는 수준이 되었습니다. 동네 탁구팀에 들어가 연승을 거두기도 했죠. 그리고 얼마 후(탁구대 선물이 신의 한 수였다고 생각하는) 부모님과 형, 이 긴 여정에서 한몫을 거든 모든 사람들이 기뻐할 만한 일이 생겼습니다. 바로 잭이 전국 탁구 선수권대회 결승에 진출한 것입니다.

경기는 TV로 생중계되었습니다. 잭은 스포트라이트와 관중의 열기에 압박감을 느끼며 서 있었지만 흔들림이 없었습니다. 이 순간을 맞이할 준비가 충분히 되어 있었으니까요. 잭은 열심히 훈련해 왔기에 자신이 대비한 대로 모든 것이 착착 진행될 거라 확신했습니다.

결승전은 힘든 경기였습니다. 지금껏 겪어 본 경기 중 가장 어려운 도전이었죠. 상대 선수는 기술이 뛰어난 데다 약삭빠른 면도 있었습니다. 그러나 잭은 냉정을 잃지 않았습니다. 수백 번 공이 오가고, 잭은 어느새 매치포인트승패를 결정하는 마지막 한 점에 도달했습니다.

관중도 모두 숨을 죽인 시간. 잭은 자신이 걸어온 멀고 먼 길을 떠올렸습니다. 지난 몇 년간 매일 아침 일찍 일어나 연습을 하고, 탁구 실력을 늘리기 위해서라면 힘겨운 훈련도 기꺼이 즐겼던, 자기 자신을 보았어요. 그 모습을 마음에 새긴 채 잭은 마지막 한 점을 향해 서브를 넣었습니다. 그리고 공은 상대 선수가 받을 수 없는 속도와 힘으로 뻗어 나가, 마침내 승리를 안겨 주었습니다!

잭은 허공에 주먹을 내질렀습니다. 꿈이 이루어진 것입니다!

• 꿈은 이루어질 수 있을까 •

꿈이란 이런 것입니다. 현실이 될 수 있지요. 물론 여기서 말하는 꿈은 좀비에게 학교가 습격당하고 기상이변이 찾아와 지구가 멸망하는 그런 판타지 같은 꿈이 아닙니다. 할리우드 블록버스터 영화를 찍어 오스카상을 받거나, 국제 외교에 기여해서 노벨 평화상을 받는 거창한 꿈만 말하는 것은 더더욱 아니고요. 이 책에서 말하는 꿈은 학교 연극에서 배역을 맡고, 노력 끝에 원하는 스포츠팀에 합류하고, 합창에서 모든 음정을 정확히 맞추고, 다음 수학 시험에서 성적이 껑충 뛰어오르는 그런 다양한 목표를

꿈이 이루어진 것입니다!

말합니다.

그러나 잭의 이야기에서 보듯 이 꿈들은 아름다운 동화처럼 우연히 행운이 찾아와 저절로 현실이 되는 건 절대 아닙니다. 여러분이 지니고 있는 꿈은 당장 이루기 힘들어 보일 수 있습니다. 그래도 걱정 마세요. 여러분이 잠재력을 이끌어 내어 포부를 실현할 수 있는 모든 방법을 이 책에서 찾을 수 있을 테니까요. 무모한 약속처럼 들리나요? 그럼 한 가지 말씀드리죠.

아빠의 서브를 피하지 않고 끝까지 탁구채를 쥔 끝에 챔피언이 된 특별한 소년 잭에 대해, 여러분이 알아야 할 것이 있습니다. 챔피언이 되는 길을 택했던 그 소년이 바로, 저라는 걸 말입니다.

02

특별한 탁구 선수를 만든 노력들

제 진짜 이름은 매슈 사이드입니다. 저는 1995년, 탁구 단식 대회에서 금메달을 따며 영국 최고의 탁구 선수가 되었습니다. 영국 국가대표로 올림픽에도 출전했죠. 그래서 누군가는 저에게 탁구를 하려고 태어났다는 이야기를 하기도 합니다. 전국 선수권을 거머쥐었을 당시엔, 스피드와 대범함에 기지까지 갖추었다는 평을 듣기도 했습니다. 그럴 때면 제가 어떻게 반응했는지 아나요? 아무렇지 않게 이 모든 것이 다 타고난 재능 덕이라고 했을까요? 혹은 빛처럼 빠른 반응 속도를 타고났다고 우쭐댔을까요?

물론 1등에 오른 때이니 그렇게 행동해도 이상하진 않았을 겁니다. 제가 정말 날 때부터 '탁구 신동'이라고 이마에 쓰고 태어났는지 아닌지는 아무도 모르니까요. 하지만 전 그러지 않았습니다. 타고난 재능 덕에 우승했다고 소감을 밝히는 일은 뻔뻔하게 거짓말을 해서 다른 이들과 나 자신을 속이는 일일 뿐이었거든요.

• 나는 타고나지 않았다 •

솔직히 전 탁구채를 손에 쥐고 태어났다고 말하기 힘든, 지극히 평범한 아이였습니다. 앞서 이야기했듯 제가 태어난 동네는 특별할 것이 하나도 없었어요. 저 역시 그럭저럭 괜찮은 아이였지만, 국가대표급 운동선수가 될 조짐은 전혀 보이지 않았습니다. 탁구뿐 아니라 어떤 분야에서든 뛰어난 사람이 될 만한 기미는 눈곱만큼도 없었지요.

그래서 전 최고의 탁구 선수가 되기 위해 그 누구보다 열심히 연습하고 배워야만 했습니다. 그것도 바닥부터 시작해야 했지요. 그나마 유리한 점이라면 부모님이 탁구를 좋아하셨다는 정도일까요? 그러나 이것도 탁구 실력을 올리는 데는 큰 도움이 되지 않았어요. 가장 중요한 것은 저 자신이 얼마나 열정을 가지고 연습에 전념하느냐였습니다.

연습을 하는 과정 중에는 난관도 수없이 많았습니다. 어떤 날은 당장에 포기하고 싶을 만큼 몸이 지치기도 했고, 어떤 날은 몇 번을 시도해도 스매싱이 제대로 맞지 않아 좌절하기도 했습니다. 정말 힘겨운 날들이었죠. 하지만 그 순간들을 이겨 내며 저는 값진 교훈을 얻었습니다. 연습한 만큼 반드시 보상은 따라온다는 교훈 말이에요.

그러니까 누군가 어떤 일에 정말 뛰어난 능력을 가지게 된 비법을 말하며 '타고난 재능'이니 '천부적 소질'이니 하는 이야기들을 한다면 싹 잊어버리세요. 타고난 재능이 전부가 아님을 제가 이렇게 생생히 보여 주고 있잖아요?

누구나, 모든 일을 잘할 수 있습니다. 이 '누구나'에는 당연히 여러분도 포함됩니다. 혹시 지금껏 '나는 잘하는 게 하나도 없어.'라는 생각을 한 번이라도 한 친구가 있다면 이제 그런 생각은 접어 두세요. 여러분 마음에 무슨 일이든 해내고자 하는 끈기만 자리 잡는다면, 더 이상 그런 고민은 할 필요가 없으니까요.

그래도 제 말을 믿기 힘든 친구들을 위해 저에게 탁구 황태자라는 왕관을 씌워 준 노력의 흔적을 조목조목 분석해 보겠습니다. 미리 말씀드리지만 중요한 것은 끝까지 노력하는 끈기·투지·집념·열정입니다. '그릿'이라고 말하지요. 단번에 '짠' 하고 왕관이 나타나는 마법의 주문 같은 건 세상에 없어요.

첫 번째 노력_차고 안에서 보낸 1만 시간

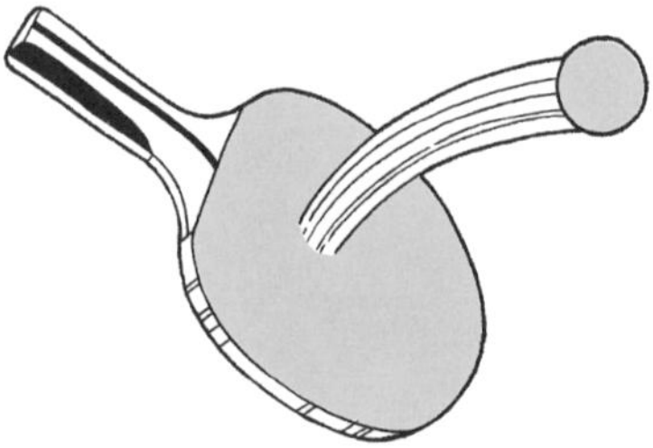

지금도 부모님께서 왜, 무슨 생각으로 차고에 탁구대를 떡하니 들여놓으셨는지는 모르겠습니다. 게다가 책의 이야기에서와 달리 실제로 부모님은 황금빛 글자가 번쩍이는 최고급 모델의 탁구대를 사 오셨답니다. 정말 깜짝 놀랄 선물이었죠.

아무튼 당시 집에 탁구대가 있는 친구들이 많지는 않았기 때문에, 제가 탁구 선수가 되기에 유리한 출발을 한 것만은 확실합니다. 그렇다고 탁구대가 생기자마자 제가 수준급의 탁구 실력을 보인 것은 아닙니다. 첫 번째 서브는 지금 생각하면 눈 뜨고는 봐 줄 수 없는 정도였거든요. 전 그저 대부분의 친구들보다 조금 먼저 탁구 연습을 시작한 것뿐이었습니다.

시간이 흘러 제가 탁구 대회에서 우승을 하면서 제게 '탁구채를 쥐고 태어난 천재'라거나 '천부적인 재능을 타고난 탁구 천재'라고 말하는 사람들이 생겼습니다. 하지만 그 사람들은 우리 집 차고의 탁구대가 얼마나 허름해졌는지 본 적이 없어서 그렇게 말하는 겁니다.

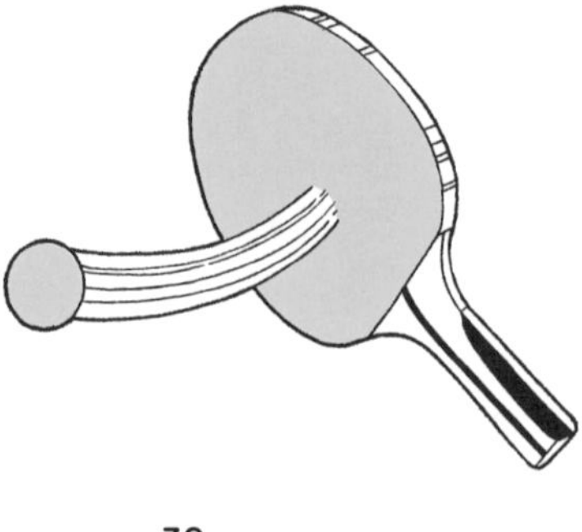

비 오는 일요일, 매일 저녁, 쉬는 날 틈틈이 저는 탁구 실력을 끌어올리기 위해 끝도 없이 공을 치며 차고에서 무수한 시간을 보냈습니다. 맨 처음 눈부실 정도로 반짝거렸던 탁구대는 얼마 안 가 상처투성이가 되었죠.

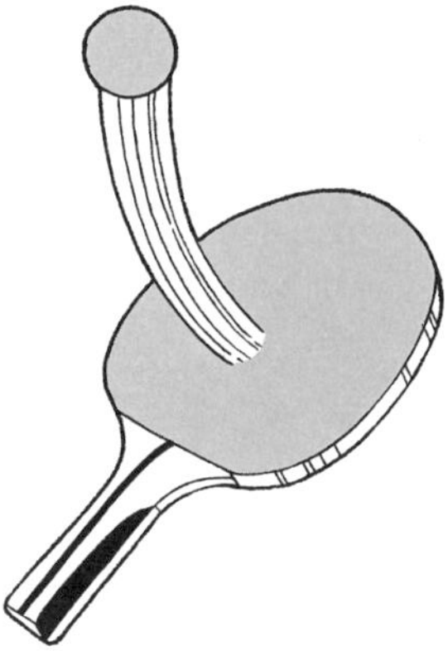

여러분 주변에 날 때부터 무언가를 잘하는 타고난 재주꾼이 있나요? 그렇다면 그 사람들의 방이나 앞마당, 거실에는 무엇이 있는지 한번 물어보세요. 분명 제 탁구대와 비슷한, 그 사람들이 무수한 시간을 보냈을 무언가가 있을 겁니다.

두 번째 노력_승부욕 강한 형과의 연습

제 형은 능력이 매우 다양합니다. 심지어 승부욕까지 엄청나서 뭘 했다 하면 꼭 이기려 하고, 끝을 보려고 합니다. 언젠가는 포켓볼을 치자더니 15개의 공 중에서 3개를 빼더군요. 그래서 왜 공 3개를 빼고 하느냐고 묻자, 이러면 공이 몇 개 모자라니까 정식 경기가 아니라는 겁니다. 만일 자기가 게임에서 져도 정식 경기가 아니니 진짜 진 게 아니라고도 덧붙였지요. 그만큼 형은 지는 걸 못 견뎌 했어요. 참, 어

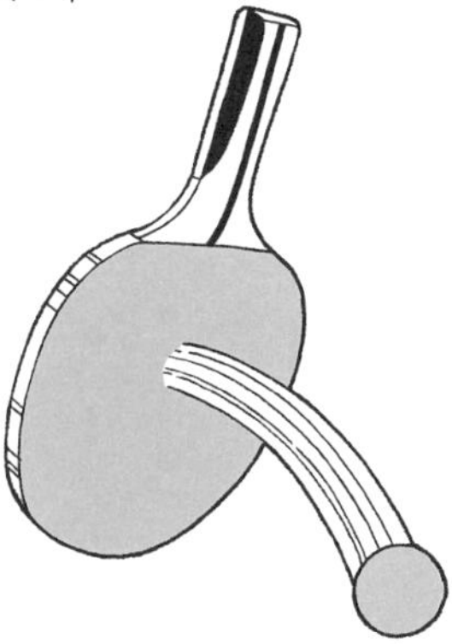

처구니가 없는 승부욕입니다.

그런데 포켓볼만이 아니었습니다. 형은 탁구에서도 최고가 되길 원했습니다. 실제로도 뛰어난 운동신경 덕에 발군의 탁구 실력을 보였습니다. 그래서 형은 저의 '항시 대기' 연습 상대가 되었습니다. 24시간 편의점처럼 제가 부르면 언제든 저의 탁구 상대가 되어 주었지요. 형과 저는 등교 시간 직전까지 차고에서 탁구를 쳤고, 저녁에도 몇 시간씩 공을 주거니 받거니 했습니다.

솔직히 말하자면, 형과 탁구를 칠 때마다 형을 묵사발로 만들어서 형이 제발 봐 달라고 빌게 만들고 싶었어요. 아마 형도 똑같은 마음이었겠죠. 그래서 우리는 필사적으로 싸우며 상대의 반응 속도를 시험하고 새로운 동작을 연마했습니다. 형과 저는 깨닫지 못하는 사이에 수천 시간을 연습에 쏟아부었고, 그 결과 면도칼처럼 날카로운 기술들을 체득하게 되었습니다.

세 번째 노력_선생님의 열정에 동참하기

선생님들 중에는 자신의 담당 과목을 무척이나 사랑하는 분들이 계십니다. 이런 선생님들은 대체로 학생들을 가르치는 데에도 열의를 불태우시며 재미있는 수업 방식을 고민하시지요. 덕분에 학생들은 자신도 모르게 그 열정에 전염되어 선생님만큼이나 해당 과목을 좋아하게 됩니다.

제가 다녔던 학교의 차터스 선생님이 바로 그런 분이셨습니다. 가르침도 물론 훌륭하셨지만, 제 안의 스포츠를 향한 뜨거운 열정이 사라지지 않도록 본인의 열정을 나누어 주셨습니다. 검은 수염을 기른 차터스 선생님은 늘 반짝이는 눈으로 '인생이란 자신이 될 수 있는 최선의 인간이 되는 일'이라고 강조했습니다. 학생들이 어떤 일에서든 혼신의 힘을 다하도록 격려해 주신 거지요.

선생님은 방과 후 클럽도 여러 개를 도맡아 운영하셨는데, 그 중에서도 가장 의미 있게 여긴 것은 탁구 클럽이었습니다. 탁구 감독으로서의 능력도 뛰어나셨고 잠재력 있는 인재를 발굴하는 혜안도 갖추고 계셨거든요. 선생님은 탁구에 조금이라도 흥미를 보이는 아이라면 누구나 탁구 클럽에 들러 보도록 권하셨습니다.

차고에서 한창 탁구 실력 끌어올리기에 집중했던 저도 선생님의 열정에 힘입어 탁구 클럽에 가입하게 되었습니다. 사실 자신감이 없던 10대 시절, 모르는 사람이 즐비한 클럽에 들어간다는 것이 썩 내키지는 않았습니다. 하지만 선생님의 무한한 긍정 에너지에 용기를 내어 탁구 클럽에 가입하기로 했습니다. 그 클럽의 이름은 '오메가'였습니다.

네 번째 노력_오메가 탁구 클럽에서의 연습

'오메가 탁구 클럽'이라니, 혹시 이 이름을 듣고 최정예 탁구 선수들을 위한 초특급 클럽을 상상하지 않았나요? 저도 처음엔 그랬습니다만, 실은 완전히 헛다리를 짚은 거였어요. 이름에 '커다란, 어마어마한'이란 뜻의 '메가mega'가 들어 있긴 하지만, 오메가 클럽은 그런 뜻과는 거리가 멀어도 한참 멀었거든요.

클럽 아지트도 그저 탁구대 몇 개가 놓인, 다 쓰러져 가는 오두막 같은 곳이었어요. 겨울에는 온몸이 꽁꽁 얼어붙게 춥고 여름에는 찜통같이 더운, 정말 딱 지붕 하나 얹혀 있는 시설이었습니다. 하지만 희한하게도 그곳은 저 같은 어린 선수들을 끌어당기는 자석 같은 매력이 있었지요.

오메가 클럽에서는 포핸드 슬라이스로 공을 쳐 춥 기술을 구사할 수 있으면 영광스런 혜택이 생겼습니다. 바로 오메가 클럽 아지트의 열쇠를 얻을 수 있는 것이었죠. 이 열쇠만 있으면 원하는 때 언제든, 그게 낮이건 밤이건 클럽 아지트를 열고 들어가 탁구를 연습할 수 있었습니다.

이 열쇠를 얻는 영광을 저만 누렸다고 말하고 싶지만, 사실은 다른 아이들도 열쇠를 많이 얻었습니다. 아무튼 그 결과로, 우리 동네는 크고 작은 탁구 대회에 나가 상을 타는 어린 탁구 선수를 유달리 많이 배출하는 자랑스러운 동네가 되었습니다.

성공의 비밀

바로 여기서 생각해 봐야 할 점이 있습니다. 제가 영국 탁구 국가대표로 활동했을 당시, 국가대표급 남녀 탁구 선수 가운데 상당수가 '레딩'이라는 도시의 한 동네 출신이었습니다. 그 동네는 어릴 때 제가 살았던 딱 그 동네였고요. 정말 놀랍지 않나요?

많은 사람들은 어떤 일을 잘하려면 특정한 '소질' 혹은 '재능'을 타고나야 한다고 생각합니다. 하지만 그 말이 사실이라면 어째서 이렇게 탁구에 소질 있고 재능 있는 선수들이 레딩의 어느 평범한 동네에서 태어났을까요? 신이 탁구 신동은 모두 저 동네에서 태어나게 하라고 명령이라도 내린 걸까요?

사실, 답은 간단합니다. 영국을 대표하는 탁구 선수가 된 이들은 모두 타고난 '재능'이나 '소질' 때문에 국가대표가 된 게 아니라, '오메가 클럽'과 '차터스 선생님'을 만나 수없이 많은 시간을 열심히 연습한 덕분에 국가대표가 된 것입니다.

반면 우리 동네와 열 골목 정도 떨어진 동네의 아이들은 어떨까요? 오메가 클럽과 차터스 선생님을 만날 기회를 얻지 못했고, 그 바람에 탁구 연습도 해 볼 수 없었기에 국가대표 선수가 될 수 없었습니다. 단지 이 '연습의 유무'라는 차이가 이런 결과를 낳은 것입니다.

• 재능을 뛰어넘는 힘 •

이쯤이면 무언가를 탁월하게 잘해내는 비법이 뭔지 감이 올 거예요. 맞아요. 끝내주게 스케이트보드 타기, 수학 성적 높이기, 고무동력 글라이더 완전정복하기 등 어떤 일이든 그걸 잘하는 데 '재능'은 타고날 필요가 없습니다. 아니, 타고난 재능이란 있을 수 없어요.

저는 숱한 연습과 불타오르는 투지 그리고 짜증 날 정도로 승부욕 넘치는 형을 통해 기량을 발전시켰습니다. 그 후로는 무슨 일이든 일단 한번 시도해 보는 것이 당연하다는 사실을 깨달았습니다. 여러분도 이 점을 알아야 합니다.

이제 저의 이야기는 얼추 마무리가 되었네요. 지금부터는 여러분이 끝내주게 잘하고 싶은 일에서 꿈을 이룰 수 있는 방법을 알려 드릴게요. 힘들진 않으니까 겁먹을 필요는 없어요. 여러분은 그저 한 번에 한 걸음씩, 잘 따라오며 나아가기만 하면 됩니다. 그리고 그 첫걸음은 이 책을 덮지 말고, 다음 페이지로 넘어가는 것입니다.

“나는 실패한 것이 아니다.
단지 효과 없는 10,000가지 방법을
찾아냈을 뿐이다.”

- 전구 발명가이자 결코 포기하지 않았던 탁월한 과학자, 토머스 에디슨

2장

나도 포기하지 않는 사람이 되고 싶어!

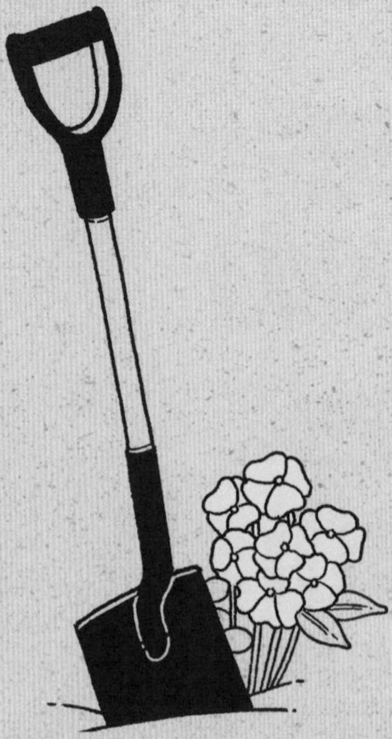

03

무엇이 우리를 가로막을까?

앞으로 여러분 가운데 3분의 2는 아직 생기지도 않은 직업을 갖게 된다는 사실을 알고 있나요? 상상이 잘 안 된다고요? 그러면 이건 어떤가요. 지금 여러분이 꿈꾸는 직업이 미래에는 사라질 수도 있습니다. 미국 CNN의 조사에 따르면, '모델, 스포츠 심판, 텔레마케터'는 미래에 거의 사라진다고 합니다. '택시 운전사, 제빵사, 어부'도 80% 이내의 확률로 사라질 직업이라 하고요. 반면 여러분은 '인공태양 관리자, 아바타 개발자, 기억 저장소 관리인' 등, 지금껏 들어보지도 못했던 생소한 직업을 갖게 될 수도 있습니다. 게다가 평생에 걸쳐 적어도 17가지 직업을 갖게 될지도 모릅니다.

• 불안한 세상 속 자신감이 필요해 •

이처럼 우리를 둘러싼 세상은 정신없이 변하고 있습니다. 세상에 나갈 준비를 하는 청소년 여러분이 충분히 두려워하고 불안해할 만한 상황이지요. 그래서 여러분은 자신의 능력이 세상에 나가도 충분한지 의구심이 들 테고, 때로는 스스로가 남들보다 많이 모자라다는 생각에 어떤 일도 시도할 수 없을 만큼 두려워지기도 합니다. 어쩔 땐 해 보기도 전에 그만두고 싶은 유혹이 찾아오기도 하고요.

이처럼 수없이 많은 불안과 걱정이 우리의 발목을 붙잡습니다. 그럼 이 불안감을 어떻게 극복해야 할까요? 함께 대비할 방법을 찾아 봅시다.

우선은 자신감부터 장전하세요. 살면서 겪을 모든 변화와 도전에 대처하려면 이 자신감이 필요합니다. 자, 먼저 '나는 할 수 있다.'라는 말을 천천히 마음속으로 외쳐 보세요.

탁구 대회에서 우승해 시상대에 오르고 신문에 사진이 실린 것 말고도, 제가 거쳐 온 여정은 여러 면에서 저를 변화시켰습니다. 혹독한 훈련 끝에 성과를 이루며 저는 다음과 같이 무수히 많은 것들을 배우고 깨달았습니다.

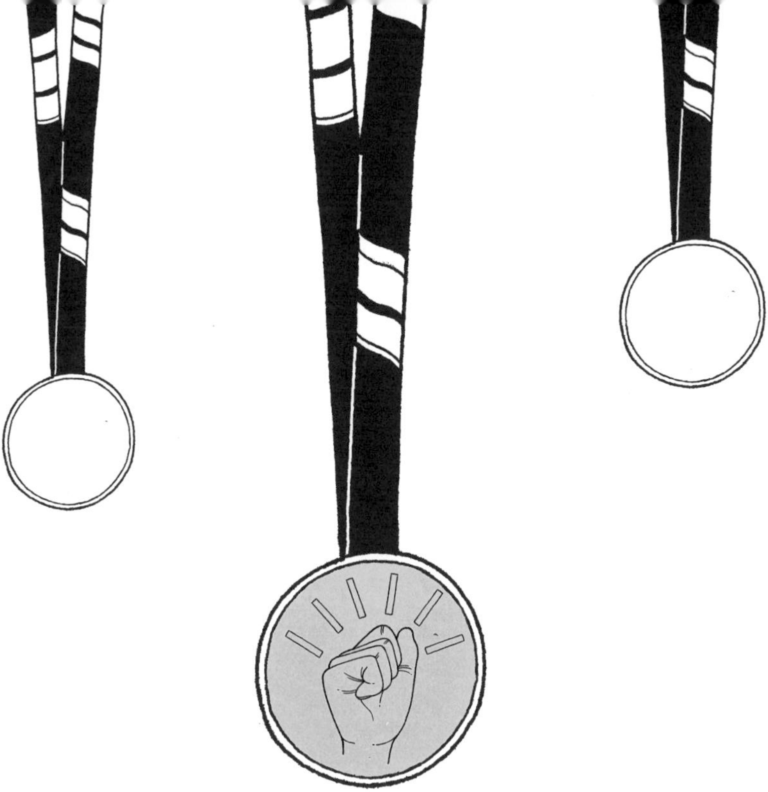

- 손에 탁구채를 쥐고 태어나는 탁구 선수는 없고, 머릿속에 계산기를 심고 태어나는 수학 천재도 없으며, 모국어와 외국어를 자유자재로 구사하며 태어나는 사람도 없다.
- 무언가를 '잘' 하려면 시간이 걸린다. 절대 하룻밤에 되지 않는다(하룻밤 사이에 잘할 수 있으려면 잠은 언제 자나?)
- 무언가에 '탁월'해지려면 시간이 더 걸린다. '세계 챔피언'이 되려면 시간이 더욱더 오래 걸린다.
- 어떤 일을 뛰어나게 잘하는 사람은 사실 수많은 실수를 했

다. 역사상 가장 위대한 농구선수인 마이클 조던도 선수 시절, 9000번이 넘게 골을 넣는 데 실패했고, 거의 300경기에서 패배했으며, 경기를 결정짓는 골 26개를 실패했다고 한다!

- 사람들은 어떤 일에 뛰어난 사람들이 열심히 연습해서 잘하게 된 거라고 생각하지 않는다. 그보단 그들에게 타고난 재능이 있다고 믿는다. 누군가 '뛰어난 사람들은 노력하지 않아도 잘하고 똑똑하다.'라고 하면 절대 믿지 마라. 그건 거짓말이다.
- 힘들다고 바로 포기하지 말아야 한다. 어떤 일을 하는 게 어렵다는 것이 자신이 형편없어서 노력해도 안 될 거라는 뜻은 아니다. 단지, 오메가 클럽이나 차터스 선생님 같은 올바른 전략을 찾지 못했을 뿐이다.
- 모든 걸 다 잘할 순 없다. 물론 노력하면 더 잘할 수 있는 일이 무척 많은 것은 사실이다. 그렇지만 하루는 24시간뿐이다. 집중해야 할 곳에 집중해야 한다(전에 스케이트보드를 직접 수리한 적이 있는데, 뒷바퀴 두 개를 보드에 연결하는 부분의 핀을 고쳤더니 오히려 바퀴가 떨어져 나갔다. 난 스케이트보드 수리는 못 한다. 그런데 거기에 얽매여만 있다면 탁구는 언제 연습하나?)

저는 아침에 일어나서 눈도 제대로 못 뜨고 바지를 거꾸로 입는, 지극히 평범한 사람입니다. 여전히 실수투성이 인간이지요. 그렇지만 전 어려운 일을 앞에 두고 포기하느냐 마느냐의 결정이 인생 전체를 어떻게 뒤흔드는지만큼은 잘 알고 있습니다.

제게 탁구가 그걸 알려 주었죠. 정말 형편없었던 탁구 바보였지만 전 포기하지 않았습니다. 하면 된다는 자신감으로 탁구에 온 마음을 쏟아 끈질기게 기량을 향상시켰습니다. 최고가 되는 여정에 기꺼이 발을 내디뎠습니다. 여러분도 충분히 자신감과 용기를 가질 수 있습니다.

• 마음속 이야기를 들어 봐 •

앞서 살펴보았듯, 세상은 거대하고 빠르게 변합니다. 우리의 몸과 마음은 한층 더 혼란스럽죠. 실제로 여러분 피부에 이 지구상의 인구보다 더 많은 생명체가 살고 있어요. 여러분 피부에 있는 이 어마어마한 생태계를 건강하게 유지하는 일도 몹시 힘든 일입니다. 하물며 SNS나 시험, 친구처럼 신경 쓸 것이 차고 넘치는 이 복잡한 세상에서 내 자리 찾기란 더더욱 쉽지 않지요. 그래서 여러분의 마음속도 요즘 들어 점점 더 어수선해졌을 겁니다.

이런 상황에 해 보지도 못한 새로운 일에, 그것도 무척이나 어려워 보이는 일에 도전할 마음을 먹기란 부담스러울 거예요. 그래서 대부분의 친구들이 까다로운 일을 만나면 아주 쉽게 "나 안 해!"라고 말합니다. 어차피 성공도 못 할 테고, 괜히 시도했다가 폭삭 망해서 창피만 당하느니 애초에 시도도 하기 싫은 거지요.

하지만 시도조차 겁내면, 절대 잠재력을 발휘할 수 없어요! 이럴 땐 여러분 머릿속을 가득 메운 이야기를 들어 보세요. 우리는 이 목소리에 귀 기울일 필요가 있습니다. 의식하지 않아도 내뱉게 되는 머릿속의 속삭임이 왜 여러분이 어떤 일을 시도하지 못하고 중간에 포기하게 만드는지를 알려 주지요. 그리고 이 목소리를 극복한다면 여러분은 더욱 강한 사람이 될 수 있습니다.

그러면 이제 뇌를 열어 꼼꼼히 뜯어봅시다. 실제로 뇌를 열고 물컹한 젤리 같은 뇌를 살펴본다고 생각하세요(상상하니 조금 무섭긴 하네요).

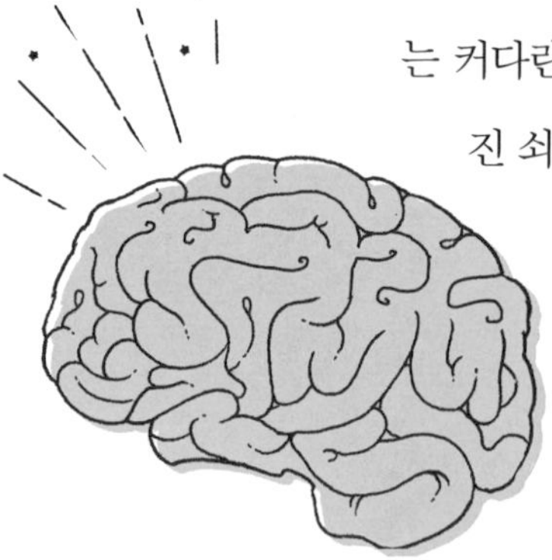

인간의 뇌는 물리적으로 매우 약합니다. 무게는 커다란 멜론 정도 되고, 질감은 질퍽하게 다진 쇠고기 같지요. 그런데 우리의 뇌는 감정적인 면에서도 몹시 연약합니다. 그래서 나 자신을 방해하고 붙잡는 생각과 걱정이 자꾸만 생겨나게 됩니다.

우리가 무언가 새롭고 큰 용기를 요하는 버거운 일을 시도하려고 할 때, 머릿속에선 어떤 생각이 들까요?

바보 같아 보이지 않을까...?

어릴 적 동네 친구인 에마 스미스는 늘 유명해지고 싶다고 말했습니다. 영화에 출연하고 싶어 했는데, 콕 집어 〈스타워즈〉를 이야기하곤 했죠. 전 그 친구의 말이 터무니없는 말은 아니라고 생각했습니다. 에마는 장난감 광선 검을 아슬아슬할 정도로 잘 휘둘렀기 때문에 레아 공주의 여동생 역이 생긴다면 적격이라고 확신했지요.

에마는 영국의 작은 동네, 작은 단층집에서 살던 소녀가 할리우드 대작에 들어가기란 결코 만만치 않다는 걸 알고 있었습니다. 그래서 학교에서 크리스마스 기념으로 공연하는 예수 탄생 연극에서 자신의 연기 인생을 시작하겠다고 마음먹었습니다. 전 에마가 존경스러웠어요. 사람들 앞에서 연기를 한다는 게 상상만으로도 너무 떨려서, 오디션조차 보지 못했거든요. 당연히 전 무대가 아닌 관객석에 앉게 되었습니다.

'에마 스미스, 낙타 2 역'.

대망의 개막일, 연극이 시작하기 전 순서지에 적힌 에마의 이

에마 스미스 -낙타 2역

름을 보고 질투가 끓어올랐습니다. 제 질투에도 아랑곳없이 연극의 막은 오를 준비가 되었습니다. 에마의 아빠는 직장 동료에게서 혹 두 개짜리 낙타 의상을 빌려 에마에게 건넸습니다. 에마의 부모님과 우리 부모님 그리고 전 맨 앞줄에 앉아 무대를 바라보았습니다. '낙타 2' 역의 에마에게 주어진 대사는 다섯 마디였습니다. 그중 두 마디는 노래였죠. 낙타 역을 맡은 아이들은 에마를 포함해 모두 넷이었습니다. 그중 낙타 3과 4는 대사가 없었고 낙타 1은 여덟 마디의 대사를 하는, 그나마 꽤 비중 있는 역을 맡았습니다.

연극이 반쯤 진행되자 낙타들의 차례가 다가왔습니다. 음악이 점점 커지며 낙타 1이 정확한 음정으로 자신의 대사를 노래했습니다. 다음이 에마의 차례였지요. 그런데 에마가 막 입을 벌리려는데 저와 눈이 마주쳤습니다. 그 순간, 전 뭔가 잘못됐다는 걸 직감했습니다.

공포에 질린 에마의 두 눈을 보니, 단박에 에마가 가사를 잊어버렸다는 걸 눈치챘습니다. 전 에마를 향해 미친 사람처럼 정신없이 입 모양으로 가사를 알려 주었습니다. 지난 석 달 동안 에마가 오메가 클럽에서 쉴 새 없이 대사를 연습한 덕분에 저 또한 토씨 하나 안 틀리고 외우고 있었거든요.

하지만 조명에 눈이 부셔서인지 에마는 저의 광적인 몸짓을 보지 못했습니다. 그렇게 에마는 그 자리에 얼어붙었습니다. 200명의 관객과 3명의 낙타 그리고 요셉과 마리아까지…. 모두가 보는 앞에서 에마는 꼼짝없이 굳어 버렸지요. 음악 선생님은 끊어진 노래를 다시 연주했습니다. 에마에게 한 번 더 기회를 주려고요. 하지만 에마는 이미 완전히 겁에 질린 상태였습니다. 공포에 사로잡혀 연주도 들리지 않는 듯했지요.

그때 낙타 1이 나서서 에마 대신 우렁차게 가사를 내뱉었고 노래는 다시 진행됐습니다. 다행히 관객들 대부분은 에마의 실수를 눈치채지 못했습니다. 그렇지만 에마의 마음은 이미 무너져 내린 뒤였어요. 할리우드 스타가 되겠다는 꿈은 저만치 멀어지고 말았죠.

낙타들이 퇴장할 때가 다가오자 에마는 정신없이 무대를 뛰쳐

나갔습니다. 너무 서두른 바람에 조명 탑에 부딪쳐 등의 혹이 찌그러지기까지 했어요. 아마 낙타 의상을 빌려준 아빠의 직장 동료가 봤다면 분명히 상심했을 겁니다. 멋지게 막이 올랐던 크리스마스의 밤은 에마에게만큼은 최악으로 남고 말았습니다.

에마는 이 일로 몹시 낙담했습니다. 자신이 바보로, 실패자로 느껴졌죠. "세상에 대사 두 마디를 못 외우는 배우가 어디 있어?" 에마는 저만 보면 이렇게 묻고 또 물었습니다. 에마는 꼬박 한 달 동안 낙타 1을 연기했던 친구를 피해 다니기도 했지요. 낙타 4를 연기한 아이는 눈치도 없이, 자기가 낙타 2를 했다면 백 배는 더 잘했을 거라고 떠들고 다녀서 낙담한 에마를 더 수렁으로 빠뜨렸습니다.

이것이 에마의 처음이자 마지막 배우 도전이었습니다. 그 후 에마는 다시는 배우가 되겠다는 말을 꺼내지 않았어요. 또 바보가 될지도 모른다는 생각에 너무 두려웠던 거지요. 에마는 더 이상 노래도 부르지 않았고, 연극 오디션에도 눈길을 주지 않았습니다. 지금 생각하니 정말 안타깝기 그지없네요. 에마는 정말 노래를 잘했거든요. 아마 포기하지 않았다면 브로드웨이를 누비는 뮤지컬 배우가 될 수도 있었을 겁니다.

여러분 모두, 에마와 비슷한 경험을 한 적이 있겠죠? 남들 앞에서 바보가 된 기억 때문에 위험을 무릅쓰기보단 그냥 포기하고 말았던 경험이요. 수업 시간에 궁금한 게 생겨도 그것도 모르냐는 소리를 들을까 봐 손들기를 수백 번 망설이다 결국 질문을 못 했던 적, 체육대회 100미터 달리기에 나갔는데 나보다 상대 선수들이 훨씬 더 잘 달릴 것 같아서 괜히 배탈이 난 척 꾀병을 부려 아예 경기를 포기했던 적…. 괜히 나섰다가 웃음거리가 되는 것보다는 남들 사이에 섞여 있는 것이 더 낫다고 자신을 합리화한 적이 누구나 있을 겁니다. 이렇게 괜히 나섰다가 망신을 당하지는 않을까 망설이는 마음은 이해가 되기도 합니다.

자, 그래서 에마 이야기에서 들려주고 싶은 교훈은 절대 낙타 의상을 빌리지 말 것…이 아니라 한 번 더 용기를 내서 시도하라는 것입니다! 바보 같아 보일까 봐 지나치게 걱정한 나머지 오디션에 안 나간 저는 배역을 얻지 못했습니다. 한 번의 실패 후 같은 실수를 반복해 바보 같아 보일까 봐 두려워진 에마는 꿈조차 포기했지요.

여러분, 묻지 않으면 궁금증은 풀리지 않고 성적도 오르지 않습니다. 달려 보지 않으면 금메달도 얻을 수 없고 달리기 실력 또한 나아지지 않죠. 무슨 일이든 하지 않으면 아무것도 얻을 게 없습니다. 바보 같아 보일 거란 걱정은 정말 기우일 뿐이에요. 사실 실수한 모습은 여러분이 생각한 것보다 바보 같지 않습니다.

"나는 실패한 것이 아니다. 단지 효과 없는 10,000가지 방법을 찾아냈을 뿐이다."

– 전구 발명가이자 결코 포기하지 않았던 탁월한 과학자, 토머스 에디슨

저 사람은 나와 달리 타고난 재능이 있을 거야

사람들은 '성공 신화'를 좋아합니다. TV 오디션 프로그램의 우승자가 펼치는 무대를 찬양하며 우러러보죠. 그것이 노래건, 춤이건, 물건을 온데간데없이 사라지게 하는 마술이건, 흠잡을 데 없는 공연을 보며 자신도 똑같이 할 수 있다고는 생각하지 않습니다. 그건 신이 준 재능을 가진 그 사람만이 할 수 있는 일이라 믿으면서요.

왜 그럴까요? 왜 우리는 뛰어난 운동선수나 팝 스타를 감히 따라갈 수 없는 존재라고 생각할까요? 답은 매우 간단합니다. 그런 사람들을 볼 때 우리는 힘든 노력의 과정이 아닌 빛나는 마지막 결과만을 보기 때문입니다. 이른바 '성공 안경'을 쓰고 그들을 보는 것입니다.

바이올린, 수영, 공부, 자전거 묘기 등 어떤 재주든 잘하게 되

기까지 정말 많은 시간과 노력이 필요합니다. 이런 재주를 기가 막히게 잘하는 사람들은 상상할 수 없을 만큼 오랫동안 연습을 해 왔지요. 연습 과정에서는 수많은 실수도 저질렀을 겁니다. 다만, 이 모든 과정을 우리가 직접 보지 못했을 뿐입니다. 그저 최종 결과물만 보면서 '당연히 처음 할 때부터 잘했겠지.', '타고난 재능이나 소질이 있었겠지.' 하며 단정하는 것입니다. 그렇기 때문에 애초에 그들처럼 되고 싶다는 마음이 들지 않는 것이지요.

게다가 사람들은 대단한 일을 성취하고 나면 그 순간의 영광에 도취되는 경향이 있습니다. 그래서 어떤 분야에서 맨 꼭대기에 오른 사람들마저 그 자리에 오르기까지 얼마나 많은 노력을 기울였는지 직접 말하기를 꺼리기도 해요. 영화 같은 멋진 결말에 엄청난 연습 과정이 있었다는 사실보단 하늘이 점지한 천재적 능력이 뚝 떨어졌다는 게 더 어울리니까요. 그 바람에 진실은 가려지고 맙니다. 끝내주게 탁월한 성과를 이루려면 완벽을 향한 어마어마한 연습이 필요하다는 진실 말이죠.

이렇게 이야기를 해도 '성공 안경'을 낀 채 성공한 사람들을 바라보고 싶은 마음이 굴뚝같을 겁니다. 괜찮아요. 일단 첫 시작은 자신이 '성공 안경'을 끼고 있을지도 모른다는 자각부터 하는 것이니까요. 그 후로 천천히 안경을 벗기 위해 노력하면 됩니다.

노력 따위 개나 줘 버려!

청소년들은 게으름을 피웠다가는 혼쭐이 나기 십상이지요. 30분 늦잠이라도 자면 저녁 먹을 때 일어날 거냐는 핀잔을 듣기 일쑤입니다. 어른들의 이런 잔소리는 사실 일리가 있어요. 어떤 일을 하든지, 가장 노력을 덜 해도 되는 방법이 가장 매력적인 방법이니까요. 그래서 어른들은 혹시라도 노력을 덜 하는 매력적인 방법에 빠져 우리가 게을러지지 않을까 염려되어 자꾸 잔소리를 하게 되는 것입니다.

그런데 핀잔이 아닌 칭찬도 우리를 위험에 빠뜨린다는 걸 알고 있나요? 과한 칭찬은 마치 밖에선 평온해 보이지만 그 안엔 무시

무시한 백상아리가 100마리쯤 숨죽이고 있는 바다와도 같습니다.

여러분도 한 번쯤은 주변 사람들에게 '넌 진짜 천재야.' 혹은 '넌 정말 다 잘하는구나.', '넌 정말 타고났어.'와 같은 말을 들어본 적이 있을 겁니다. 아니면 다른 사람에게 해 본 적도 있을 거예요. 저도 이와 비슷한 말을 들은 적이 있습니다. '그는 인간의 한계에 도달했다고 할 만한 반응 속도를 지녔다.'는 기사가 실린 적이 있거든요. 저를 한참이나 비행기에 태운 말인데도, 저는 이 기사를 6년이나 침대 머리맡에 붙여 두었습니다. 칭찬이 싫은 사람은 없잖아요.

그런데 이런 칭찬이 대체 뭐가 문제란 말일까요? 과한 칭찬은 스스로를 맹신하게 만든다는 것입니다. 아직 매우 뛰어난 수준이 아닌데 주변에서 칭찬을 하면, 우리는 정말 내가 그렇게 잘하나 싶은 생각을 하게 됩니다. 그러면 점점 노력을 게을리하게 되고, 진짜 나는 타고난 재능이 넘치는 사람이라고 믿게 되며, 결국엔 이미 완벽한 결과물을 받아든 자신만 상상하게 되지요.

그러다 보면 아직 멀기만 한 오스카상을 탔다고 상상하며 수상 소감을 줄줄 외운다든가, 시험 후 축하 파티를 계획한다든가, 신문 인터뷰 때 입을 옷을 미리 사 두는 등 이루지 못한 결과물을 마치 자신의 것인 양 착각하게 됩니다.

사람은 자신이 엄청난 재능을 타고났다고 생각하면 게을러지게 됩니다. 그러고는 '노력은 천재성 없는 사람들이나 하는 일이지.' 하는 생각을 하고, 열심히 구르던 페달에서 발을 떼고 더 이상 두 다리를 움직이지 않습니다. 그럼 나중에 어떻게 될까요? 분명 나보다 뒤처졌던 라이벌이 내가 소파에 늘어져 있는 동안 저만치 달아나 추월한 결과만 보게 될 거예요. 토끼와 거북이의 토끼처럼요.

자신감이 없어 온몸이 벌벌 떨려

전 자신감이 몹시 없는 아이였습니다. 어릴 적 부모님께서 이따금 집에 어른들을 초대하실 때 일입니다. 어른들끼리 이야기를 시작하기 전, 아빠는 으레 형과 저를 불러 손님들에게 인사를 시키셨습니다. 아빠가 바란 것은 '안녕하세요, 저는 매슈입니다.'가 다였지요. 아마 아빠 생각에 이 정도 인사는 더없이 간단한 일이었을 것입니다.

그런데 전 그 말을 할 생각만 해도 덜덜 떨렸습니다. 방문을 나가는 순간부터 손이 부들부들 떨려서 두 손을 꼭 그러쥐어야만 했어요. 잘 알지도 못하는 사람들 앞에서 인사를 하고, 이름을 말해야 한다니! 너무 부끄럽고 무서워서 이불 속에 일주일은 숨고 싶었답니다.

그러나 지금은 다릅니다. 저는 변했어요. 요즘 전 여러 곳에서 강연을 부탁받습니다. 몇몇 사람을 대상으로 한 작은 강연은 물론이고, 학교나 기업에서 수많은 사람을 상대로 강연하기도 하죠. 이들은 제게 '성취를 이루는 법'을 듣고 싶다고 합니다.

수백 명 앞에서 강연을 마치고 나면, 종종 관객 중 몇 사람이 다가와 제 연설이 대단했다고 말해 줍니다. 그러면서 자신들은 연설 같은 건 하나도 할 줄 모른다며 저를 부러워해요. 아마 그 사람들 눈엔 제가 무대 위에서 연설을 하기 위해 태어난 사람처럼 보였나 봅니다. 태어나자마자 '응애' 하고 우는 대신 '여러분, 안녕하십니까?' 하고 첫인사를 뱉었다고요.

이들이 열네 살의 저를 봤다면 어떤 생각을 했을까요? 크리스마스에 와인을 한잔하러 깜짝 방문한 맨디 아줌마와 팀 아저씨에게, "안녕하세요, 저는 매슈입니다." 이 한마디를 못 하던 저를요.

제게 어떤 변화가 일어난 건지 궁금하죠? 그 비밀을 알려 드릴게요. 저는 사람들 앞에서 자신 있게 말하기 위해 말하기 연습을 몇 년이나 했습니다. 토스트매스터스Toastmasters라는 클럽에도 들어갔지요(이 클럽은 맛있는 빵을 만드는 요리 교실이 아니고 토론 클럽이었어요). 이를테면 연설 연습계의 오메가 클럽이었던

곳이라고나 할까요? 토스트매스터스에 가면 익숙하지 않은 주제에 대해, 생전 처음 보는 사람들 앞에서 발표를 해야만 했습니다. 그것도 일어서서요.

처음에는 정말 두려웠습니다. 인사 한마디도 힘겨워한 저에게 발표라니요! 하지만 처음이 어려웠지 한 번 발표에 성공하고 나니, 시간이 갈수록 점점 사람들 앞에서 말하는 데 두려움이 없어졌습니다. 게다가 나와 똑같이, 발표나 연설을 두려워하는 사람들을 보면서 나 혼자만 힘들어하는 게 아니라는 사실을 깨닫고 더 안심하게 되었죠. 누구나 발표에 어려움을 겪을 수 있는데, 심지어 나는 그걸 극복하기 위해 연습을 하고 있고 조금씩 나아지고 있으니 얼마나 다행인가요.

그렇게 토론 클럽에서 형편없는 연설을 몇 번 하고 나자, 타인에게 무언가를 이야기해야 할 때 어떻게 대처해야 할지 감이 잡히기 시작했습니다. 어떻게 하면 다음 연설은 조금이나마 더 자신 있게, 매끄럽게 할 수 있을지 스스로 깨우치게 되었죠. 점차 모르는 사람이 한가득인 곳에서도 말하기가 두렵지 않았고, 그 사람들이 나의 발표를 듣고 비웃을까 걱정하지도 않았습니다. 만약 비웃는다고 해도 괜찮았어요. 어떻게 대응하면 자신감을 잃지 않을 수 있는지 알게 되었으니까요.

전 자신감을 타고나지 않았습니다. 저의 자신감은 연습이 만든 것이었습니다. 그러니까 어떤 일에 도전해야 할 순간이 왔을 때, 내 몸이 말을 안 듣고 벌벌 떨린대도 침착하세요. 그 떨림은 잠시 왔다 갈 뿐이에요. 한 단계씩 작은 목표를 가지고 연습해 나가면 떨림을 이겨 내고 도전을 즐길 수 있답니다.

도대체 난 누구야?

인류가 모두 똑같은 가치관을 가지고 있다면, 어떤 면에선 인생이 한결 편할 겁니다. 모두가 같은 데서 공포를 느끼고 같은 야망을 품을 테니, 남과 다른 일을 시도해야 할 이유도 없고 실패를 두려워할 일도 없을 테니까요. 하지만 그러면 이 세상이 얼마나 지루할까요?

우리는 한 명, 한 명, 모두가 특별합니다. 생김새도 다르고 취향도 다르죠. 우리는 서로 다르게 생각하고 다르게 행동하며, 모두 탁월해질 수 있는 잠재력을 지니고 있습니다. 이 잠재력을 발휘해 잘하고 싶은 일을 성공적으로 성취하고자 한다면, 또 그 과정에서 발생하는 주변의 관심에 대처하려면 '자신감'이 필요합니다. 그리고 이 자신감은, 나다움을 즐기는 마음에서 나와야 하죠.

매일 아침에 침대를 벗어나는 일만 해도 기적입니다. 그렇지만 여러분이 달 착륙의 첫 발자국만큼이나 어려운 침대 벗어나기를 하고 있을 때, 지구 반대편의 누군가는 자신의 한계를 시험

불가능한 미션은 없다!

하며 끈기 있게 밀어붙여 아무나 해내지 못할 일들을 성공하고 있습니다. 그 사람들은 자신의 머릿속을 들여다보고, 자기가 원하는 게 무엇인지 파악했습니다. 그리고 야망을 추구하는 데에 방해가 되는 모든 의구심과 불안, 유혹을 물리칠 방법을 찾아냈습니다.

이 투지와 열정이 바로 여러분이 가져야 할 '그릿'입니다. 불가능한 미션이라고요? 전혀요. 여러분도 충분히 그릿을 지닐 수 있습니다!

04

고정형 사고방식 VS 성장형 사고방식

지금까지 여러분의 도전을 방해하는 생각들을 짚어 봤어요. 이런 생각에 사로잡혀 있는 것은 당연한 일일까요? 그렇지 않습니다. 이렇게 우리를 가로막는 문제들을 꽁꽁 차단해 버릴 수 있는 미션을 하나 드리겠습니다. 바로, 여러분의 사고방식에 대해 생각해 보는 것이에요.

사고방식이란 세상과 어떤 문제에 대해 생각하는 방식이라 설명할 수 있습니다. 어떤 문제를 맞닥뜨렸을 때 우리의 생각과 결정을 좌지우지하는 것이지요.

• 캐롤 드웩의 그릿 실험 •

청소년의 사고방식을 이해하기 위해서는 미국의 유명한 심리학자 캐럴 드웩 교수의 연구와 실험을 살펴보는 게 도움이 됩니다. 1978년 드웩 교수는 탁월한 결과를 이끌어 내는 가장 중요한 요소는 훈련이 아니라 타고난 재능이라고 생각하는 고정관념에 대해 몇 가지 질문을 던집니다.

- 탁월함을 결정짓는 요소가 재능이라는 발상은 얼마나 해로울까?
- 재능이 가장 중요하다는 믿음은 모든 행동에 영향을 미칠까?
- 재능이 가장 중요하다는 믿음은 우리가 각종 도전을 이해하고 이에 반응하는 방식을 규정할까?
- 재능이 가장 중요하다는 믿음은 두뇌를 쓰는 단계에서만 적용될까, 아니면 모든 생각과 감정과 행동에 배어 있을까?
- 재능이 가장 중요하다는 믿음에도 불구하고 성장하기 위한 노력을 계속해 나갈 수 있을까?

이 의문을 해소하기 위해 드웩 교수는 간단한 실험을 합니다. 먼저 그녀는 초등학교 5학년생과 6학년생 330명을 모아 설문조사를 했습니다. 설문의 내용은 '지능 수준은 유전으로 결정된다고 믿는가, 아니면 노력으로 바꿀 수 있다고 믿는가?'였지요. 답에 따라 아이들은 유전으로 결정된다는 아이들과 노력으로 바꿀 수 있다는 아이들, 두 그룹으로 나뉘었습니다. 이후 드웩 교수는 모든 학생에게 열두 문제가 실린 문제지를 나누어 주었습니다. 문제들 중 앞의 여덟 문제는 평이했던 반면 뒤의 네 문제는 매우 어려웠습니다. 모든 학생이 푸는 데 애를 먹을 정도였지요.

문제 풀이가 끝난 후, 드웩 교수는 흥미로운 결과를 발견합니다. 1번부터 8번까지 문제를 푸는 동안 두 그룹의 아이들은 실력에 큰 차이가 없었으나, 9번부터 12번까지의 어려운 문제는 노력으로 바꿀 수 있다고 답한 아이들이 더 문제를 잘 풀었던 겁니다. 특히나 지능이 유전으로 결정된다고 답한 아이들은 어려운 문제를 접한 순간 문제를 푸는 전략도 현저히 떨어졌고, 아예 문제 풀이를 포기해 버린 경우도 많았지요. 반면 지능은 노력으로 바꿀 수 있다고 답한 아이들은 어려운 문제에 부딪혀도 끈질기게 노력했습니다.

드웩 교수는 이 실험을 통해 어떻게 생각하느냐에 따라 우리가 주저앉을 수도, 성취에 이를 수도 있다는 걸 깨달았습니다. 결과의 차이는 그 사람이 지닌 사고방식이 결정한다는 사실을 밝혀 낸 것이죠.

이후 다른 실험에서도 같은 결과가 나왔어요. 한 집단에겐 노력으로 똑똑해질 수 있다는 강의를 하고 다른 집단에겐 그냥 기억력과 관련된 강의를 한 뒤 향후 학습 태도가 어떻게 달라졌나를 확인하자, 노력으로 똑똑해질 수 있다는 강의를 들은 집단의 학습 태도가 훨씬 좋아졌다고 합니다.

드웩 교수는 이렇게 지능이나 재능보다 성취에서 가장 중요한 게 노력이라고 믿는 사고방식을 '성장형 사고방식'이라 하고, 노력보다 타고난 환경과 유전 요인이 중요하다고 믿는 사고방식을 '고정형 사고방식'이라 했습니다.

그럼 이 두 사고방식이 어떻게 다른지, 무엇이 포기하지 않는 나를 만드는 데 더 중요한지 확인해 볼까요?

뒷장에 여러분이 성장형 사고방식을 지녔는지, 고정형 사고방식을 지녔는지를 판단할 수 있도록 각 사고방식에 해당하는 태도들을 적어 두었습니다. 어느 한쪽을 정하는 게 쉽지 않을 수 있어요. 또 어떤 일에는 성장형 사고방식을 보이고 어떤 일에는 고정형 사고방식을 보일 수도 있습니다. 헷갈리더라도 자신의 사고방식을 생각해 보고 선택하세요. 여러분의 성격에 맞는 가장 적절한 성취 방법을 찾아내는 데 도움이 될 테니까요.

고정형 사고방식 VS 성장형 사고방식

고정형 사고방식

능력

능력은 태어날 때 이미 결정돼 있다. 사람들은 특정한 재능, 소질 혹은 기량을 가지고 태어난다.

노력

노력이 무슨 의미가 있나? 내 능력은 태어날 때 이미 주어졌고 바꿀 수 없다.

실수

실수를 저질렀다고 인정할 것 없다. 하던 대로 계속하자. 절대 남에게 도움을 청하지도 말자. 재능이 뛰어난 사람들은 도움이 필요 없다!

피드백

피드백은 필요 없다. 불편하기만 하다. 그래서 보통 피드백은 그냥 무시한다.

성장형 사고방식

능력

능력은 연습으로 키울 수 있다. 재능, 소질, 기량은 발전할 수 있는 것!

노력

무엇이든 한번 시도해 봐야 한다. 노력을 쏟는 것이야말로 성취를 이루는 유일한 방법이다.

실수

누구나 실수한다. 실수는 부끄러운 일이 아니며 내가 무엇을 모르는지 정확히 알려 준다. 따라서 실수는 기량을 올리는 데 최고의 기회다.

피드백

피드백을 감사히 여긴다. 어디가 잘못됐는지 모르면 절대 나아질 수 없다.

도전

도전을 즐기지 않는다. 무슨 수를 써서라도 피하고 본다. 바보처럼 보이긴 싫다. 시도했다가 망치면 어떡하나? 지면 어떻게 하나? 아예 안 하는 편이 낫다.

타인의 성공

남들의 성취에 질투가 난다. 더불어 난 그들만큼 잘하지 못한다는 생각에 다소 방어적이 된다.

결과

노력과 연습보다 쓸데없는 일에 매달리는 당신.

도전

나는 도전을 반긴다. 새로운 일을 시도하는 것만이 배움에 이르는 유일한 길이다. 처음부터 잘하지 않아도 신경 쓰지 않는다. 괜찮다. 다음에, 아니면 그다음에는 잘하게 될 것이다.

타인의 성공

항상 남들은 어떻게 목표에 도달했는지 알아내려 노력한다. 그 사람들은 무엇을 했을까? 어떻게 하면 그 사람들과 똑같이 성공을 거둘 수 있을까?

결과

최고가 되기 위해 최선을 다하는 당신.

05

쉽게 포기하게 만드는 고정형 사고방식

수학을 잘하고, 테니스에서 발군의 실력을 보이고, 무대 위의 아이돌처럼 노래를 잘 부르고, 스케이트보드 고난도 기술을 단번에 해내는 그런 능력이 미리 프로그래밍된 채 세상에 태어난다고 믿은 적이 있나요? 이렇게 '재능'이나 '소질'을 타고나야만 뛰어난 성공을 거둘 수 있다고 생각하는 것이 고정형 사고방식입니다.

• 나는 고정형 사고방식을 가졌을까 •

고정형 사고방식을 지닌 사람은 인간은 '어떤 일에 재능이 있다.' 아니면 '실망스럽지만 재능이 없다.' 둘 중 하나라고 믿습니다. 아무리 열심히 애써도 바꿀 수 있는 것은 한정적이며 매우 어렵다고 생각하고요. 이렇게 재능은 타고나거나 아니거나 둘 중 하나라고 믿으면, 무슨 문제가 생길까요?

생각해 보세요. 내가 피아노 연주 연습을 100번 할 동안, 몸에 피아니스트의 피가 흐르는 친구는 10번만 연습해도 나보다 멋진 연주를 해낸다면 여러분은 연습할 맛이 날까요? 이처럼 재능의 유무가 성공의 열쇠를 쥐고 있다면 능력을 향상시키려는 연습이나 노력은 아무 의미가 없어집니다. 노력해 봐야 소용이 없는데 왜 노력을 하나요. 고정형 사고방식이 이래서 무서운 겁니다. 아예 노력 자체를 시작하지 않게 하고, 아무것도 시도하지 않아 아무것도 얻지 못하는 악순환을 불러오는 것이지요.

게다가 고정형 사고방식에 빠지면 중요한 일들보다 아무짝에도 쓸모없는 일들에 더 집중하게 됩니다. 재능이 없는 일들은 아예 시도해 볼 생각도 없으니 해야 할 일들 목록에서 맨 밑바닥을 차지하게 됩니다. 대신 뒷마당에다 호주까지 이어지는 굴 파기, 누워서 TV 보기 같은 일들에 정신이 팔리게 될 것입니다.

실은 저도 탁구 연습에 몰입하지 않았던 때에 쓸데없는 일을 했던 적이 있어요. 형과 뒷마당에 2미터 정도 되는 땅굴을 팠던 일이죠. 지금 생각하면 왜 그 일을 했는지 이유가 하나도 떠오르지 않아요. 그만큼 고정형 사고방식에 빠지면 노력하는 것보다 쓸데없는 일만 하느라 시간을 허비하게 됩니다.

평범했던 잭을 기억하나요? 탁구를 아주 쉽게 포기했던 평범한 잭이야말로 고정형 사고방식을 가진 전형적인 인물입니다. 아빠의 서브를 받아칠 만큼 탁구 기술을 지니려면 연습이 필요하다는 중요한 사실을 모른 채, 그냥 탁구채를 던지고 차고를 뛰쳐나갔죠. 그러고는 쓸모없이 게임을 하거나 TV 채널을 돌리며 시간을 허비했어요.

반면 특별한 잭은 탁구에 끈질기게 매달렸습니다. 특별한 잭은 날 때부터 탁구 천재가 아니었어요. 단지 탁구 실력이 나아질 수 있다고 믿었을 뿐입니다. 탁구 실력을 늘리기 위해 노력하고 연습하는 일이 분명 시도할 만한 가치가 있다는 믿음을 지닌 채 부단히 훈련했지요. 그리고 실제로, 시간이 흐를수록 자신의 능력을 평범한 수준에서 탁월한 수준으로 변화시켰습니다. 차고의 탁구대 앞에서 매일매일, 승부욕 강한 형과 함께 연습한 덕분이었죠.

드웩 교수에 따르면 고정형 사고방식을 가진 사람은 인류의 40퍼센트가 넘는다고 합니다. 전 세계에 고정형 사고방식을 지닌 사람이 대략 29억 6000만 명이나 된다는 뜻입니다. 정말 많죠? 유럽과 북아메리카 인구를 다 합친 것보다도 많은 수입니다.

혹시 자신이 고정형 사고방식을 가지고 있는 것은 아닐까 상심한 친구가 있을지 모르겠어요. 때때로 자신의 능력에 의구심이

드는 것은 정상적인 일이에요. 다만 그런 생각이 굳어져서 여러분의 발목을 잡아 결국 도전을 포기하게 만든다면 그건 정말 문제입니다. 자, 다음에 나온 말들 중 익숙한 문장이 있는지 체크해 보세요.

고정형 사고방식이 만드는 생각 열 가지

- 우리 가족은 다 수포자(수학을 포기한 자)야.
- 난 제대로 하는 게 하나도 없어.
- 난 기억력이 꽝이야. 영어 단어가 도무지 안 외워져.
- 난 시작은 잘하는데 끝까지 하는 게 없어.
- 사람들 앞에서 발표를 하느니 차라리 점수를 포기하고 말지.
- 난 테니스공이 오면 몸이 꽁꽁 굳어 버려.
- 나보다 과학 못하는 사람은 한 명도 못 봤어. 그냥 무슨 말인지 하나도 모르겠어.
- 소묘라니! 장난해? 난 동그라미도 제대로 못 그린다고!
- 우리 집 브레인은 우리 언니지.
- 노력 따위 개나 줘. 이 몸은 타고났다고.

짐작건대 이런 말, 많이 들어 봤을 거예요. 이 가운데 몇 개는 직접 말한 적도 있을 테고요. 이렇게 고정형 사고방식은 어디에나 퍼져 있어서 매일매일 여러분 머릿속에 똬리를 틀려고 벼르고 있습니다. 그러니 지금부턴 이런 말들이 들리면 당장 귀를 막아 버려야 합니다.

제 지인은 어느 날 저에게 이런 얘기를 했습니다. 본인은 늘 자신이 별로 똑똑하지 않다고 생각해 왔는데, 그 이유를 이제야 알겠다는 것이었습니다. 지인이 초등학교에 다닐 때 이야기입니다.

학교에는 '로켓반'과 '거북이반'이라는 이름의 독서 그룹이 있었습니다. 이름만 들어도 어떤 아이들이 모여 있는지 감이 올 정도네요. 로켓반 아이들은 책 읽는 데 거부감도 없고 쌩쌩 날아가는 로켓처럼 책을 빨리 읽었습니다. 반면 거북이반 아이들은 느릿느릿 기어가는 속도보다 못한 빠르기로 책을 읽었지요. 거북이반 아이들은 '독서에 재능'이라곤 눈곱만큼도 없는 것처럼 보였다고 합니다.

시간이 지날수록 로켓반 아이들은 책을 점점 더 빨리 읽고, 거북이반 아이들은 점점 더 느리게 읽었습니다. 거북이반 아이들은 자신들이 책 읽기를 잘 못한다고 들어 애초에 책을 빨리 읽을

노력조차 하지 않았습니다. 그렇게 지인은 자신을 로켓이 아니라 거북이라고 여긴 채 살아왔어요. 무려 40년 동안이나요. 만일 거북이반 아이들이 '너희도 노력하면 로켓반 친구들처럼 책을 빨리 잘 읽을 수 있단다.'라는 말만 들었어도 영원히 거북이반의 굴레에 매이진 않았을 겁니다.

작은 말 한마디, 행동 하나가 우리를 고정형 사고방식으로 몰아갈 수 있습니다. 그 흐름 속에서 중심을 잃으면 영원히 스스로를 거북이로 알며 아무런 노력도 하지 않고 살다가 죽고 맙니다. 로켓은 절대 될 수가 없습니다.

06

포기하지 않는 나를 만드는 성장형 사고방식

고정형 사고방식과 반대로 성장형 사고방식은 '능력이 고정되어 있지 않다는 믿음'입니다. 모든 도전을 불사하고 발전을 이루는 사람들은 성장형 사고방식을 갖고 있습니다. 세계적인 축구 선수나 국제 영화제에서 주연상을 받은 배우, 반에서 수학을 제일 잘하는 학생까지, 어떤 일에서 뛰어난 능력을 보이는 사람들은 성장형 사고방식으로 무장한 채 자신의 분야에서 끈기 있게 투지를 불태웠지요.

• 나는 성장형 사고방식을 가졌을까? •

'그런데 성장형 사고방식이 뭔가요? 인터넷에서 살 수 있어요?'

나쁜 소식부터 말하자면, 성장형 사고방식은 인터넷에서 옷

고르듯 살 수는 없습니다. 하지만 좋은 소식이 있습니다. 성장형 사고방식은 훈련하면 얻을 수 있다는 거예요.

우리는 태어날 때 절대 크기가 바뀌지 않는 재능 주머니를 들고 태어나지 않습니다. 재능이란 건 연습을 통해 성장하고 변화시킬 수 있어요. 투지와 노력이라는 그릿만 있다면 문제될 게 없지요. 피나는 훈련을 통해 성취를 향해 나아가세요.

성장형 사고방식을 갖고 싶다는 마음이 들었나요? 앞선 사고방식 진단에서 고정형 사고방식에 가깝다는 결과가 나왔다고 걱정스러운 친구도 분명 있을 거예요. 이제부터는 여러분을 방해하는 숱한 의구심들을 극복하는 방법을 확인해 봅시다.

"성장형 사고방식은 노력으로 기본 자질을 기를 수 있다는 믿음에 기초한다."

– 캐럴 드웩 교수

• 성장형 사고방식의 특징 •

성장형 사고방식의 힘은 대단합니다. 실로 어마어마해서 세상을 바꿀지도 몰라요. 성장형 사고방식이 지구 온난화를 멈추거나 암을 고칠 수도 있어요. 지구 온난화나 암을 연구하는 과학자들이 성장형 사고방식을 가지고 해결책을 찾을 때까지 포기하지 않는다면 가능할지도 모르니까요. 그럼 성장형 사고방식의 특징을 더욱 자세히 알아봅시다.

특징 1_능력은 근육이라는 생각

성장형 사고방식을 가진 사람은 능력이란 근육과 같은 것이라고 생각합니다. 무슨 말이냐고요? 헬스클럽에서 아령을 들었다 내렸다 하면서 운동을 하면 근육이 단단해지는 것처럼, 능력도 연습과 훈련을 통해 강화할 수 있다고 믿는 거예요. 적절한 노력을 기울이면 글을 더 잘 쓸 수 있고, 운동을 더 잘할 수 있으며, 친구들과의 관계도 더 좋은 쪽으로 발전시킬 수 있다고 생각하는 것이지요. '능력은 고정되어 있지 않기에 얼마든지 나아질 수 있다.' 이 믿음이 있어야만 포기하지 않고 매달리는 끈기를 가질 수 있어요.

특징 2_새로운 일을 하고 싶다는 열망

고정형 사고방식을 지닌 사람들이 새로운 일에 도전하길 꺼려하는 것은 실패할 가능성이 있다는 두려움 때문입니다. 반면 성장형 사고방식의 사람들은 실패하더라도 새로운 일을 하고 싶다는 열망 덕에 도전에 주저하지 않습니다. 그렇게 새로운 걸 또 도전

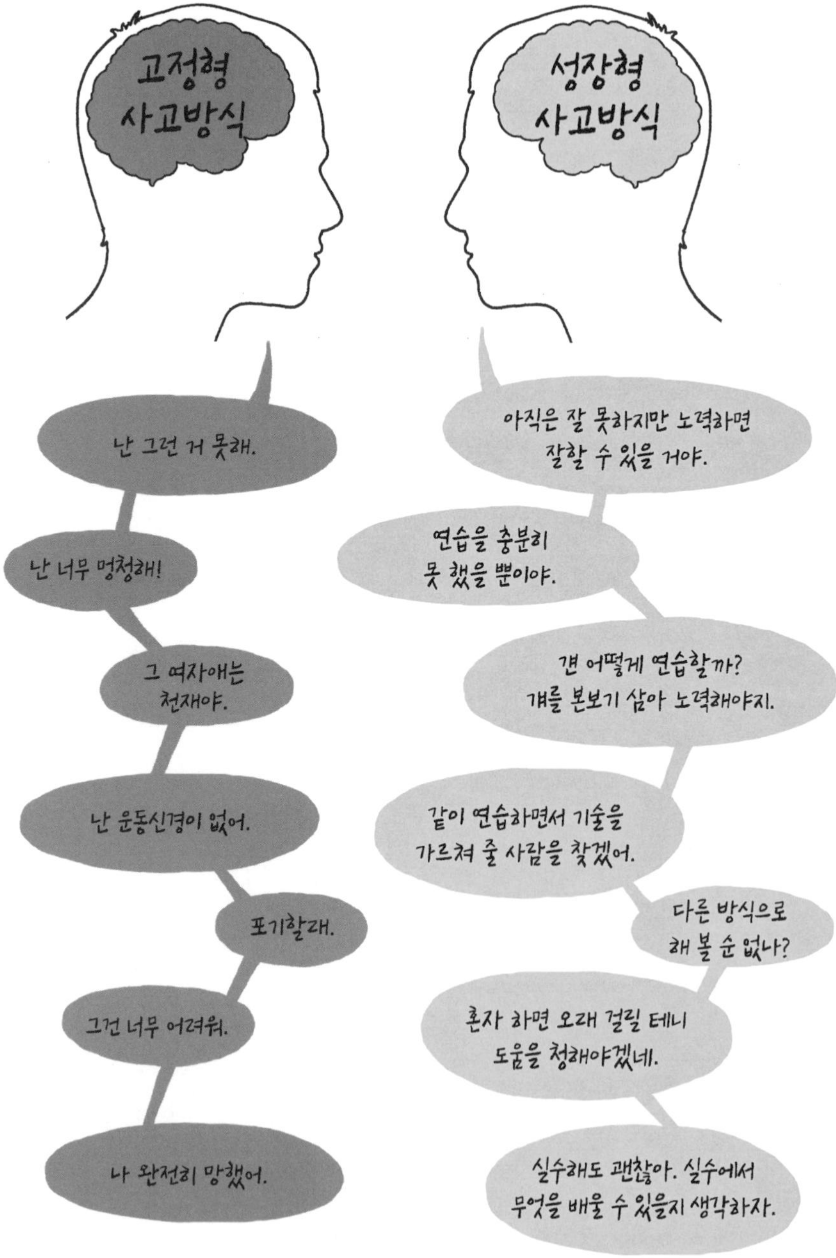
고정형
사고방식
성장형
사고방식
난 그런 거 못해.
난 너무 멍청해!
그 여자애는
천재야.
난 운동신경이 없어.
포기할래.
그건 너무 어려워.
나 완전히 망했어.
아직은 잘 못하지만 노력하면
잘할 수 있을 거야.
연습을 충분히
못 했을 뿐이야.
걘 어떻게 연습할까?
걜 본보기 삼아 노력해야지.
같이 연습하면서 기술을
가르쳐 줄 사람을 찾겠어.
다른 방식으로
해 볼 순 없나?
혼자 하면 오래 걸릴 테니
도움을 청해야겠네.
실수해도 괜찮아. 실수에서
무엇을 배울 수 있을지 생각하자.

해서 성공하면 그 성취감으로 성장형 사고방식이 더욱 굳건해지고 다음 단계로 나아갑니다. 새로움 자체가 그릿을 자극하는 강력한 동기가 되면서 계속 도전하는 힘을 얻게 되지요.

특징3_비판을 적극 수용하는 태도

선수 시절, 저는 어느 정도 실력을 쌓은 후부터는 창의적인 타법을 주로 시도해 보았습니다. 그런 저에게 당시 코치는 한 가지 타법만을 반복해 훈련시켰지요. 저는 이 훈련이 가치가 있을까 하는 의문이 있었습니다. 그러나 녹초가 될 만큼 힘든 훈련을 끝낸 후 이 훈련의 의미를 이해했습니다.

제 타법은 칠 때마다 너무 달라서 실수를 해도 왜 실수를 하는지 정확히 파악하기가 어려웠지요. 그런데 한 가지 타법을 계속하다 보니 무엇이 잘못되었고 어디를 고쳐야 할지 명백히 드러났던 것입니다. 그제야 저는 저의 잘못된 부분을 파악하고 이를 개선하려는 노력이 탁월한 실력을 만드는 방법임을 깨달았습니다.

이처럼 성장형 사고방식을 지닌 사람들은 더 나은 결과를 만들기 위해서 무엇이 잘못되었는지 찾고, 그 비판 내용을 흔쾌히 받아들여 발전하려는 태도를 보입니다. 비판을 자신에 대한 공격으로 여기지 않고 발전을 위한 재료로 활용하는 거지요.

특징4_목표 달성 후 다음 단계를 설정하는 정신

성장형 사고방식으로 훈련하고 연습해서 결과물을 내는 사람들은 결실을 맺은 후에도 남다른 태도를 보입니다. 다음 목표를 설정하고 나아가며 다른 차원의 그릿을 얻기 위해 계속 노력하지요. 사실 사람은 열심히 노력한 뒤 성과를 내면 다소 허무해지게 마련이에요. 실제 올림픽에서 금메달을 딴 선수들이 올림픽이 끝난 후 깊은 상실감에 빠져 일상이 망가지는 경우가 허다하지요.

이때 성장형 사고방식의 사람들은 성취가 주는 '감정적 만족'에서 재빨리 빠져 나옵니다. 내가 타고난 능력으로 좋은 결과를 냈다는 생각 대신 그간 노력한 나 자신이 자랑스럽다는 만족감으로 소감을 정리한 뒤 다음의 목표를 찾아 출발하는 겁니다. 아마도 노력을 통해 더욱더 나아질 수 있다는 믿음은 그대로 가지고 가겠죠?

정리하자면, 분명 노력하면 나아질 텐데 지레 포기하지 말라는 겁니다. 끈질기게 노력하다 보면 올림픽 챔피언은 못 될지언정, 분명 처음 시작했을 때보단 훨씬 나아진 자신을 만날 수 있을 테니까요.

그런데 혹시 이런 사람이 되길 거부하는 사람도 있나요? 자, 이제 정말 준비가 된 것 같군요. 그릿을 얻는 다음 단계로 나아가 봅시다. 출발!

유명인의 실패담

스티브 잡스

“전 세계에 스마트폰 열풍을 불러온 스티브 잡스? 애플 창업자 그 스티브 잡스가 실패를 했었다고? 정말?”

네, 맞습니다. 이 세상에 아이폰, 아이패드, 맥 컴퓨터를 선사한 사람이자 우리의 삶 자체를 바꿔 놓은 혁명가 그 스티브 잡스가 맞아요. 여러분의 크리스마스 선물 목록에도 애플 제품이 하나쯤은 있겠죠? 그런 스티브 잡스에게서 실패란 단어는 쉽게 연상되지 않을 것입니다.

스티브 잡스는 애플의 설립자임에도 회사를 일군 지 9년 만에 회사에서 쫓겨났습니다. 당시 잡스는 고객보다 기술에 집중했고 자신의 뛰어난 기술력에 도취되어 있었습니다. 결국 독선으로 잇따라 최악의 선택을 하며 내리막을 걷다가, 자신이 직접 초빙해 온 펩시콜라 회장 출신의 존 스컬리에게 자리를 내줘야 했습니다.

9년 동안 매일같이 땀방울을 흘리며 일궈 온 회사와 작별 인사를 해야 하는 마음이 얼마나 아팠을까요? 자신의 회사를 다른 사람이 차지하는 걸 지켜보는 건 말할 것도 없고요. 이런 상황이라면 더 이상 기술 산업 쪽엔 발도 들이지 않겠다고 생각해도 이해가 되지요.

하지만 그는 그러지 않았어요. 오히려 스티브 잡스는 모든 에너지를 다른 프로젝트에 집중했습니다. 그중에는 애니메이션 회사인 픽사도 있었습니다. 픽사의 CEO가 된 스티브 잡스는 〈토이스토리〉라는 3D 애니메이션계의 전설적인 작품을 제작합니다. 이것만 해도 대단하지만 끝이 아니에요. 스티브 잡스는 넥스트NeXT라는 기술 기업을 설립하고 운영했지요. 그 후 10년 뒤, 애플이 이 기업을 사들였습니다. 그러니까 애플을 떠난 지 12년 만에 스티브 잡스는 다시 애플의 대표가 된 것입니다!

"성공한 기업인이 되느냐, 실패한 기업인이 되느냐를 가르는 이유 중 절반은 온전히 인내심에 달려 있다."

-스티브 잡스

그릿 액션 1

걱정거리를 없애는 '걱정 단지' 만들기 ▶▶

지금 도전하고 싶은 새로운 일, 어려운 일이 있는데 시도하지 못하도록 가로막는 걱정이 있나요? 어떤 것이든 여러분을 주저하게 만드는 걱정이 있다면, 일단 종이 한 장 한 장에 하나씩 써 보세요.

그리고 다 먹고 난 잼통이나 반찬통 등 뚜껑이 있는 통을 하나 가져오세요. 이것은 여러분의 걱정을 묵혀 줄 '걱정 단지'입니다. 걱정이 적힌 종이를 이 걱정 단지에 넣으세요.

일주일 또는 2주 후에 종이를 다시 꺼내 봅니다. 종이에 적힌 걱정들이 여전히 여러분을 괴롭히고 있나요? 혹시 종이에 썼던 때보다 걱정의 정도가 줄어들지 않았나요? 생각보다 걱정이란 건, 시간이 지나면 해결되는 게 많습니다. 만약 더 이상 걱정되지 않는 게 있다면 그 종이는 과감히 찢어 버리세요.

여전히 걱정스러운 문제라고 분류된 종이가 있다면 그 문제를 함께 고민하고 해결책을 찾아줄 사람을 찾아 의논해 보세요.

***"체력이나 지능이 아니라 부단한 노력이
우리의 잠재력을 여는 열쇠다."***

- 영국 총리이자, 뛰어난 저술가였던, 윈스턴 처칠

3장

그릿이 가득한 뇌를 어떻게 만들까?

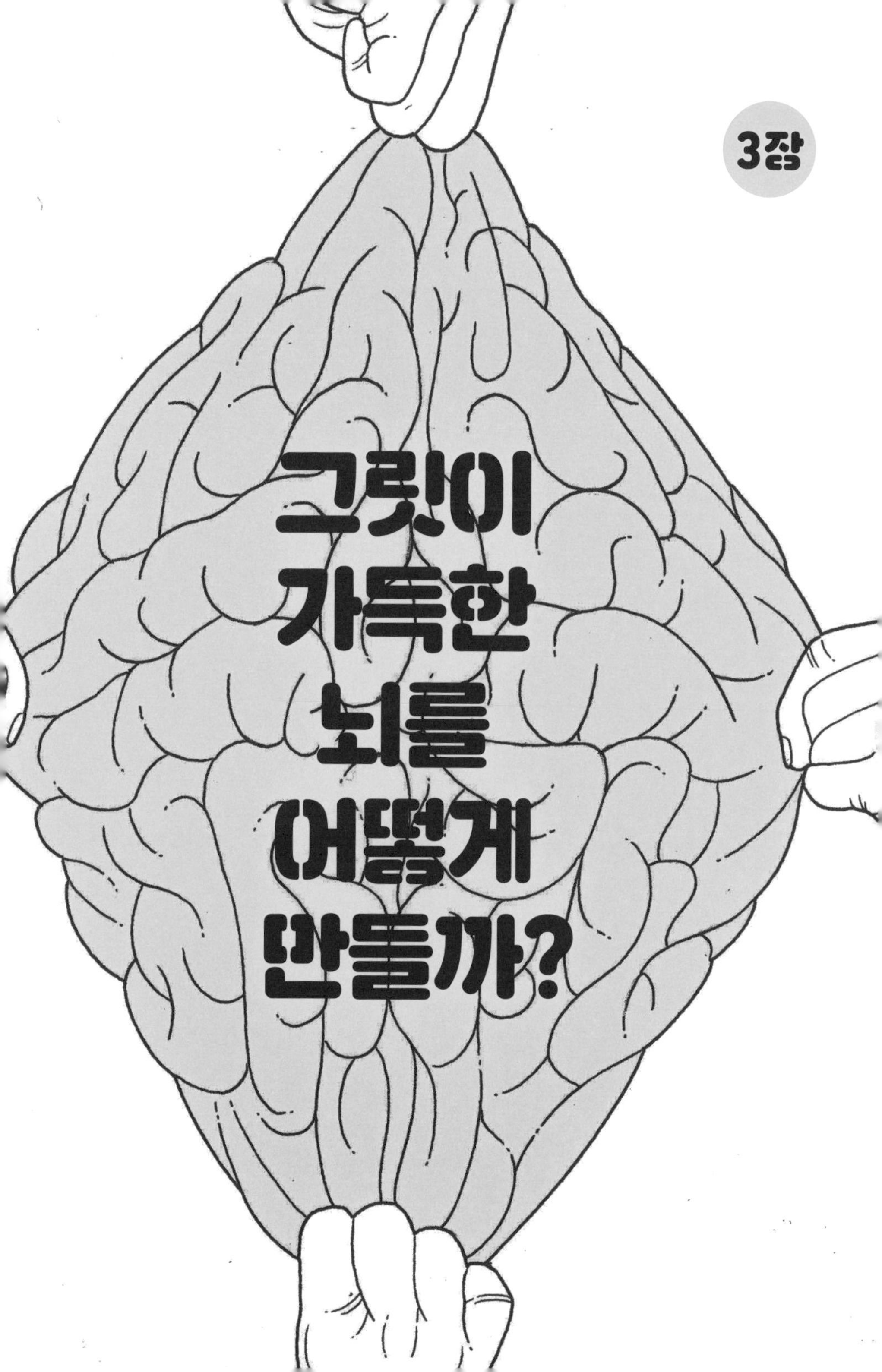

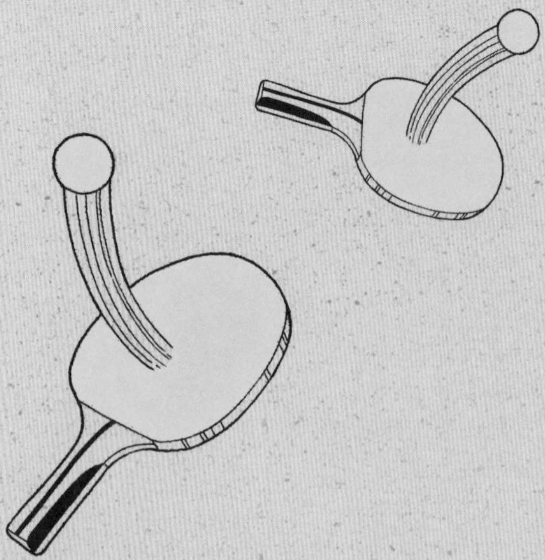

07

뇌를 훈련할 수 있을까?

전 뇌brain라는 단어를 자판으로 칠 때마다 제대로 치는 법이 없어요. 매번 '브라이언Brian'이라고 친 다음 고치기 일쑤죠(아니, 대체 브라이언이 누구람?) 아무튼 우리 뇌에는 별난 사실들이 있습니다.

• 뇌에 관한 별난 사실들 •

- 뇌는 70% 이상이 물로 이루어져 있다. 그래서 탈수 증상이 일어나면 집중력과 기억력에 안 좋은 영향을 끼친다(얼른 물 한 잔 마시자!)
- 뇌에는 대략 1000만 개 정도의 신경 세포, 즉 뉴런이 있다.
- 뇌에는 약 16만 킬로미터의 혈관이 존재한다. 이걸 한 줄로

쭉 늘어놓으면 달로 가는 길의 절반 정도까지 된다.

- 사람은 하루 평균 6만 가지 생각을 한다.
- 뇌는 작은 전구 하나를 켜기에 충분한 전력을 생산한다.
- 접형구개신경절신경통이란 단어가 있다. 되게 어려워 보이는 이 단어는 아이스크림을 먹다가 머리가 찌릿해지는 현상의 과학적 명칭이다. 일반적으로는 브레인 프리즈Brain Freeze라고 부르기도 한다. 이젠 아이스크림 먹다가 머리가 찌릿아파 오면 "윽, 접형구개신경절신경통!"이라고 외쳐 보자.

참 놀랍고 재미있는 사실들이죠? 그런데 이것들은 뇌와 관련된 흥미로운 이야기 중에서 하위권에도 못 끼는 평범한 지식입니다. 훨씬 더 놀랍고, 충격적이며, 감히 뇌가 세상을 바꾼다고 말할 수 있는 사실이 남아 있어요. 그 사실은 신경 과학자들도 최근에야 과학적 증명을 해내며 인정한 내용입니다(여러분은 이 책 덕에 최첨단 과학을 접하고 있는 거예요).

바로 '뇌를 훈련할 수 있다.'는 사실입니다. 말하자면, 뇌를 헬스클럽에 데려가 이것저것 운동을 시켜서 능력이 충만한 근육쟁이로 만들 수 있다는 거예요. 뇌를 강하게 단련해 새로운 도전도 잘해내고 포기하는 일 없이 그릿으로 가득한 뇌로 바꿀 수 있다니, 정말 놀라운 일 아닌가요?

숨쉬기

달리기

• 뇌는 쓸수록 좋아진다 – 신경 가소성 원리 •

몸을 단련한다고 하면 보통 신체 단련을 떠올립니다. 우리의 몸은 정말 놀라워서, 꾸준히 훈련을 하면 극강의 유연성을 얻을 수도 있고 42.195킬로미터의 마라톤을 완주하는 지구력도 얻을 수 있습니다. 인간의 신체는 환경과 변화에 적응을 잘하는 위대한 생존력이 있거든요.

기타 연주

여러분의 뇌 역시 팔다리, 허리, 어깨처럼 원하는 대로 튼튼하게 단련할 수 있습니다. 헬스클럽에 가서 몇 시간씩 땀을 흘리며 시간을 보내야 하냐고요? 그럴 필요는 없어요. 다만, 헬스클럽에서 구슬땀을 흘리는 시간만큼 뇌도 충분한 시간 동안 훈련하는 게 필요할 뿐이에요.

잠자기

우리 뇌는 날마다 열심히 일합니다. 눈을 깜빡이는 것부터 숨쉬기, 걷기, 말하기까지 뇌는 우리가 행하는 모든 움직임을 통제합니다. 말하자면 우리 몸의 행동 관제 센터나 다름없지요. 밤이면 잠에 들어 전력을 조금 차단하고 쉬는 시간에 들어가지만, 자고 있는 그때조차 뇌는 수많은 정보를 처리하고 있습니다.

먹기

또한 뇌는 복잡한 통신 센터이기도 합니다. 뇌에서 내리는 다양한 명령들은 전기 신호로 바뀌어 수십억 개의 경로를 거쳐, 우

스케이트 타기

리 몸 곳곳의 신경에 도달합니다. 또 피부, 눈 등의 감각기관을 통해 들어온 감각도 전기 신호로 바뀌어 뇌에 도달해야 우리가 실제로 느낄 수 있어요. 이렇게 각종 신경계의 전기 자극이 신경세포를 통해 뇌로 이동하는 것을 '신경 신호', 또는 '신경 전달 신호'라고 해요. 신경 신호의 역할은 간단히 표현하면, 우리가 생각하고 느끼고 행동하는 모든 순간에 스위치를 켜는 것입니다.

우리 몸에 신경 신호가 이동하는 경로는 무수히 많습니다. 그런데 이 경로들은 일반적으로 생명을 유지하는 기본적인 기능을 담당하는 경로도 있지만, 대부분은 우리가 '어떤 행동을 하기로 선택'했기 때문에 형성된 경로들입니다. 기타를 연주하거나 연극의 대사를 외우는 일 등을 담당하는 신경 경로는 원래 없었으나, 해당 임무를 수행하는 데 필요한 신호를 전달하기 위해 차후에 형성된 거예요.

자, 이 말은 무엇을 의미할까요? 바로 내가 잘하고 싶은 일이 있다면 그 일을 하는 데 필요한 신경 신호가 잘 전달되어야 하는데, 이를 위한 신경 경로는 나의 노력으로 만들어 낼 수 있다는 겁니다. 즉, 운동을 통해 몸을 단련하면 근육이 생기는 것처럼 뇌도 단련하면 어떤 일을 탁월하게 해내는 신경 경로를 가질 수 있는 거예요.

뇌를 정신의 근육이라고 생각해 보세요. 그리고 신경 경로를 형성하는 피트니스 프로그램이 있다고도 상상해 보죠. 이 프로그램으로 뇌를 훈련하면 어떤 일이 벌어질까요? 신경 경로가 더 많이 생겨나고 그 덕분에 신경 신호는 더 활발히 전달되어 어떤 일을 성공적으로 해낼 수 있게 되겠지요? 훈련을 열심히 하면 할수록 신경 경로는 더 많이, 더 강하게 만들어질 거고요.

과학자들은 이 현상을 실제 연구를 통해 확인했습니다. 그리고 이를 '신경 가소성'이라 이름 붙였습니다. 말이 어려워 보이지만 한마디로 뇌의 신경은 변화하는 성질이 있다는 뜻이에요.

뇌 과학자들은 인간의 두뇌가 경험에 의해 변화되는 능력이 있다고 밝혔습니다. 사실 1800년대까지만 해도 과학자들은 뇌의 신경 경로는 유아기 때 거의 다 만들어지고 성인이 되면 더 이상 발전하지 않는다고 보아 왔어요. 이게 진짜라면 어른이 되어서는 공부를 열심히 해 봤자 어릴 때 만들어진 신경 경로에만 의존하니 공부가 잘될 리가 없겠죠.

하지만 실제로 우리의 신경 경로는 일생 동안 끊임없이 변해요. 물론 지금 여러분과 같은 청소년 시기까지 가장 활동적으로 신경 경로가 생겨나긴 하지만, 노년이 되어서도 어느 수준의 새로운 언어나 운동 기능, 기술을 습득할 수 있는 신경 경로가 만들어집니다.

• 신경 경로를 만드는 법 •

전 탁구 선수이기도 하지만 작가이자 기자이기도 합니다. 오랫동안 글 쓰는 일을 해 왔죠. 처음 글쓰기를 시작했을 무렵엔 10대 때부터 만들어진 탁구 신경 경로가 여전히 활발하게 작동하고 있었습니다. 탁구대를 가로질러 춉 루프 샷을 정말 끝내주게 쳤지요. 반면 그 당시에 썼던 지역 축구 경기에 관한 1200자 분량의 기사는 솔직히, 그저 그랬습니다.

하지만 시간이 흐르면서 저의 글쓰기 능력은 발전했습니다. 제 뇌 속에 글 쓰는 데 필요한 신경 신호가 재빨리 지나다닐 수 있도록 신경 경로가 잘 갖추어진 듯했지요. 그래서 전보다 문장을 구성하는 데 거리낌이 없어졌고 글을 완성하는 속도도 빨라졌습니다. 가장 적합한 단어들을 빨리 찾아내서 보다 효과적으로 조합했고요. 글쓰기 연습을 하면 할수록 더 많은 신경 경로가 연결되어서 점점 더 글을 잘 쓰게 되었습니다.

하지만 안타깝게도 저의 기가 막힌 회전 서브는 예전 같지 않았습니다. 신경 경로의 골치 아픈 점이 바로 이것입니다. 신경 경

로는 변덕쟁이라서 사용하지 않으면 사라져요. 관심을 안 주고 훈련을 중단하는 순간 기다리지 않고 '안녕' 하고 없어져 버리죠. 그러고 나면 다시 맨땅에 헤딩입니다. 처음부터 다시 신경 경로를 만들기 위해 부단히 노력하는 수밖에 없습니다.

신경 경로를 만드는 일은 산책길을 만드는 일과 같습니다. 아무도 다닌 적이 없는 숲속을 산책하면 맨 처음, 그 첫걸음이 무척 힘듭니다. 어디로 가야 할지, 얼마나 가야 할지 산책로라 부를 만한 길이 안 보이니까요. 그리고 단 한 번 걸어간다고 해서 산책길이 바로 만들어지지도 않습니다. 걷고 난 다음 날 또다시 그 위를 걷지 않으면 이내 풀들이 다시 자라나 어제 걸었던 흔적은

모조리 사라집니다.

방법은 결국 비가 오나 눈이 오나, 매일 같은 경로를 반복해서 걷는 것뿐입니다. 그러다 보면 어느 날 눈에 띄는 길이 생기죠. 그다음부터는 숲을 거니는 일이 한결 수월해집니다. 신경 경로도 마찬가지예요. 수학 문제를 많이 풀면 풀수록, 스케이트보드를 타면 탈수록, 게임을 즐기면 즐길수록 신경 경로는 더 많이 생기고 더 강하게 작동하여 다음번 시도를 할 때는 전보다 쉬워지고 잘하게 된답니다.

"체력이나 지능이 아니라 부단한 노력이 우리의 잠재력을 여는 열쇠다."

- 영국 총리이자, 뛰어난 저술가였던, 윈스턴 처칠

이쯤이면 아마 이런 생각이 드는 친구가 있겠죠. "이게 다 성장형 사고방식이랑 무슨 상관이람?" 왜 상관이 없나요. 이렇게 뇌가 물리적으로 변할 수 있고 새로운 신경 경로를 생성해 낼 수 있다는 사실이야말로 성장형 사고방식이 성공을 거두는 데 효과가 있다는 증거인데요.

성장형 사고방식은 사람마다 능력이 정해져 있는 것이 아니라 노력하면 능력을 끌어올릴 수 있다는 믿음이에요. 이를 신경가소성이 증명해 줍니다. 뇌는 훈련으로 좋아질 수 있으니, 태어난 순간 천재적 뇌는 정해진다는 고정관념은 당연히 거짓이 됩니다. 또 훈련을 통해 뇌가 성장하고 성취를 이루는 데 수월해질 수 있다고 믿게 되면, 힘겨운 훈련을 시작하는 것이 너무도 당연한 일이 되지요.

우리의 뇌는 원하는 형태로 변할 수 있습니다. 그렇다고 납작하게 누르거나 에펠탑처럼 만들 수는 없겠죠. 하지만 뇌 안의 경로를 재설정해, 진짜 잘하고 싶은 일을 탁월하게 해낼 수 있게 바꿀 수는 있습니다.

08

블랙캡 운전사들의 뇌를 스캔하면 알 수 있는 것

신경 가소성의 실제 증거를 보여 줄게요. 일단 저를 따라 택시 뒷자리에 올라타 운전 기사님의 뒤통수를 뚫어져라 봅시다. 지금부터 운전사의 머릿속을 스캔해 볼 거예요. 그곳에서 정말 엄청난 일이 펼쳐질 거랍니다.

• 인간 내비게이션? •

영국 런던의 택시인 블랙캡은 신속하고 정확한 운전으로 유명합니다. 택시를 타고 런던 반대편까지 가 달라고 해도, 블랙캡 운전사는 최적의 경로를 따라 그곳까지 이동할 수 있을 거예요. 길을 잃거나 일방통행로에 잘못 들어가는 법도 없고 심지어 지도나 위성 내비게이션도 들여다보지 않고서 말입니다. 어떻게 이런 일이 가능할까요?

그건 블랙캡 면허를 따기 위한 시험에서 찾을 수 있습니다. 블랙캡 운전사들이 치르는 지식 시험은 특별합니다. 런던 시내 약 2만 5000개의 도로와 수천 개의 지형지물을 외워야 하지요. 런던 시내 어느 지점에서 출발하든 실수 없이 목적지로 가려면 이 모든 지도의 생김새가 머릿속에 들어 있어야 하기 때문이죠.

지식 시험에서 운전사는 시험관이 무작위로 지정한 장소들 사이의 이동 경로를 설명해야 합니다. 생각만으로도 어려울 것 같지 않나요? 실제로 이 시험은 정신적으로 몹시 힘든 일이어서, 운전사들은 시험에 응시하기까지 몇 년간 공부해야만 한다고 합니다. 블랙캡 운전사를 지망하는 사람들 대부분이 스쿠터를 타고 도로 곳곳을 누비며 공부를 한다고 하니, 그 노력이 얼마나 대단한지 알 만합니다.

이 블랙캡 운전사들의 뇌를 스캔해 보면, 놀라운 사실을 알 수 있어요. 런던의 정신없이 얽히고설킨 길을 빈틈없이 외운 베테랑 운전사들과 그렇지 않은 초보 운전사들은 뇌 구조가 달랐던 겁니다.

운전사들은 경력이 좀 쌓이고 나면 처음 도로에 나섰을 때에 비해 뇌의 회백질이 증가했습니다. 회백질은 뇌에서 신경 세포체가 밀집되어 있어 짙게 보이는 부분으로, 정신적인 처리를 담당하는 곳입니다. 즉, 회백질의 증가는 런던의 도로가 연결된 방식을 이해하기 시작하면서 뇌가 필요한 정보를 처리하기 위해 새로운 신경 경로를 만들어 냈다는 것을 보여 주지요.

그러니까 혹시 런던에 가서 블랙캡을 타게 된다면, 운전대 앞의 기사가 정말 열심히 노력해서 '슈퍼브레인을 만들었구나.' 하고 생각해도 틀리지 않습니다.

블랙캡 운전사는 어마어마한 훈련을 통해 놀라운 기억력을 이루어 낼 수 있음을 몸소 보여 줍니다. 여러분이 탄 택시 운전사가 대단할 것 없어 보였나요? 하지만 그가 도로를 이리저리 누비는 모습을 보면 '인간 내비게이션이 내 눈앞에 있구나.' 하고 깨닫게 될 거예요. 또한 뇌가 얼마나 눈에 띄게 탁월해질 수 있는지도 알게 될 겁니다.

• 택시 운전사와 버스 운전사의 두뇌 대결 •

그럼 택시 운전사들처럼 도로를 누비며 승객을 실어 나르는 버스 운전사의 뇌도 확인해 볼까요? 버스 운전사들 역시 수많은 도로와 신호 체계를 외워야 합니다. 하지만 택시 운전사만큼은 아니죠. 정해진 루트가 있어 그것만 외우면 되니 스파게티 면발처럼 뒤엉킨 큰길, 작은 길, 막다른 골목 하나하나를 모두 알 필요는 없습니다.

이것은 택시 운전사와 버스 운전사의 뇌가 달라지는 결정적인 차이를 만들어 냈습니다. 버스 운전사의 뇌는 택시 운전사의 뇌만큼 길을 찾는 데 필요한 신경 경로가 발달해 있지 않았던 것입니다.

물론 버스 운전사의 뇌 역시 변화가 있었습니다. 다만 택시 운전사들의 뇌만큼 큰 변화를 일으키지는 않았지요. 이는 버스 운전사 되기가 택시 운전사 되기보다는 까다롭지 않기 때문입니다. 수많은 도로와 아주 좁은 골목의 틈새 이름을 다 외울 필요 없이, 버스 운전사는 지정된 정류소를 기억하는 정도만 훈련하면 됩니다. 연습을 덜 할수록 신경 경로의 연결은 약해집니다. 이 때문에 버스 운전사는 택시 운전사의 뇌처럼 많은 신경 경로를 형성할 필요가 없었던 것입니다.

이 이야기의 결론은 이렇습니다.

- 훈련이 어려우면 어려울수록 신경 연결은 더 많이 형성된다.
- 부단히 연습하라. 수학을 잘하고 싶다면 수학 숙제를 포기하지 말고 꾸준히 하라. 손을 놓아 버리는 순간, 수학 신경 경로는 빠르게 사라져 듬성듬성한 사막의 풀뿌리처럼 얼마 남지 않게 될 것이다. 빛나는 훈련이 의미가 있도록 만들자.

그렇다고 밑바닥부터 시작해야 한다는 생각에 좌절할 필요는 없습니다. 탁월한 성취를 위해 뇌를 단련하는 일이라면, 여러분은 이미 이 책을 펼치는 동시에 시작했다는 점을 기억하세요.

유명인의 실패담

J.K. 롤링

베스트셀러 작가이자 억만장자 자선가, 역대 가장 성공한 시리즈를 쓴, 그 유명한 『해리포터』의 작가 J. K. 롤링을 알지요? 전 세계인을 홀린 시리즈의 첫 책이 출간되었을 당시 롤링은 32세였습니다. 이 시리즈가 연이어 히트를 치자, 롤링은 금세 스타덤에 올랐습니다. 롤링이 창조한 세계는 영화, 연극 심지어 테마파크로도 만들어졌습니다. 그리고 이어 쓴 성인 소설들도 베스트셀러가 되었습니다.

여기까지, 그녀의 인생에서는 실패의 흔적이라곤 눈곱만큼도 찾아볼 수가 없습니다.

그런데 여러분, 롤링이 첫 소설을 쓸 때 번듯한 작업실 하나 없이 커피숍에 몸을 구기고 앉아 썼다는 사실을 아나요? 그 옆의 유모차 속에는 어린 딸이 잠들어 있었지요. 그때 롤링은 빈털터

리에 실직 상태였습니다. 가난한 그녀에게 명성이나 행운이 찾아올 기미는 보이지 않았지요. 더구나 책을 완성한 다음에도 12곳의 출판사에서 롤링의 원고를 거절했습니다. 무려 12곳이 『해리포터』를 거절했지요!

하지만 롤링은 포기하지 않았습니다. 아무도 자신의 비전을 이해하지 않는 순간에도 롤링은 자신의 작품을 믿었습니다. 마침내 롤링의 이야기에서 마법과 같은 무언가를 알아본 한 편집자의 제안으로 롤링의 의지는 결실을 맺었습니다. 그 뒤의 이야기는 여러분이 아는 것처럼 전 세계에 해리포터 덕후가 생겨나며 그녀의 세계관은 하나의 문화가 되었습니다.

"실패는 다른 방법으로는 배울 수 없던 것들을 가르쳐 주었다. 내게 강한 의지와 생각보다 더 큰 절제력이 있다는 사실을 발견했다."

– J. K. 롤링

그릿 액션 2

그릿이 가득한 뇌를 만드는 방법 ▶▶

뇌가 멋진 근육을 얻는 과정은 오랜 기간 반복된 연습을 통해 신경 경로가 더 많아지고 튼튼해지는 과정입니다. 뇌 속을 볼 수 없어 그 사실을 알기가 어렵다고요? 뇌 가소성이 발전하는 것을 확인하는 몇 가지 방법을 소개합니다.

1) 연습 일지 쓰기

1단계 연습 일지에 그날의 달성 목표를 쓴다.

2단계 현재 내 상태를 살펴 고칠 점을 적는다.

3단계 연습 후 달성률을 파악하고 2단계에서 적은 고칠 점이 사라졌는지 확인한다.

4단계 오늘의 달성률을 바탕으로 다음번 연습의 달성 목표를 새로 쓴다.

2) 영상으로 기록하거나 결과물 스크랩하기

● 운동, 무용, 연주와 같이 행동으로 결과를 내는 일

- 연습 과정을 영상으로 촬영하고, 연습의 마지막 순간 그날의 연습 결과를 최

종 점검하는 실전 영상을 촬영한다.

- 영상 기록은 일주일에 한 번, 또는 한 달에 한 번씩 기간을 정해 모두 점검하여 발전 정도를 확인한다.

● **글쓰기, 그림 그리기와 같이 결과물을 만드는 일**

- 작업 기간 동안은 일지를 써 어떤 날 슬럼프에 빠졌고 어떤 날 작업 능률이 올랐는지 적는다.
- 결과물들은 날짜별로 차곡차곡 스크랩한다. 스크랩할 때는 결과물을 만들기까지 걸린 기간을 쓴다.
- 3개월에 한 번씩 모은 결과물을 시간순으로 확인하면 뇌 가소성이 발달한 자신을 확인할 수 있다.

"능력이 빼어난 사람들은
모두 배우고 성장하고 발전할 방법을 부단히 찾는다."

- 미국의 정치가·외교관·과학자·저술가, 벤저민 프랭클린

4장

탁월함을 만드는 연습은 다르다고?

09

연습이 불러온 기적

1900년 올림픽 남자 100미터 경기에서 금메달을 딴 선수의 기록은 11초였습니다. 하지만 지금 이 기록은 15세 미만 전국 학생 선수권대회에서도 빈번히 깨지고 있습니다. 현재 남자 100미터 달리기 세계 신기록은 9초 초반대지요. 이번엔 시간을 한참 거슬러 13세기로 가 볼게요. 당대 최고의 과학자였던 로저 베이컨은 40년 안에 인간이 수학을 마스터하는 것은 불가능하다고 주장했습니다. 그런데 여기서 베이컨이 말한 종류의 수학이 뭔지 아세요? 오늘날 우리가 학교에서 기초 과정으로 배우고 있는 것들입니다.

이러한 일들은 어떻게 가능했을까요? 바로 '연습의 힘' 덕분입니다. 우리 인간은 스포츠에서 과학 기술에 이르기까지, 노력을 요하는 모든 분야에서 경험을 쌓고 기준을 높이며 두뇌를 이용해 발전하고 있습니다. 모두 포기하지 않고 끈기 있게 반복 연습하여 뇌의 신경 경로를 더욱 단단히 한 덕분이지요.

이제 여러분도 연습을 통해 뇌를 튼튼히 하고, 몸과 마음에 그릿을 품고 싶어졌을 거예요. 여러분이 원하는 그런 뛰어난 사람이 되고자 말이에요.

• 노력하지 않고도 잘 하는 일 •

그런데 알고 보면 여러분은 이미 많은 일을 엄청나게 잘하고 있습니다. 자, 읽기 테스트를 하나 해 볼까요?(한숨 쉬지 마세요. 성장형 사고방식은 테스트를 매우 좋아합니다.) 아래의 두 문장은 무슨 뜻일까요?

1. loweonl tetnmis ysea ilhwe a enirwga egelPin otn is nabaan.
2. Peeling a banana is not easy while wearing woollen mittens.

위의 두 문장은 모두 49개의 알파벳으로 이루어져 있습니다. 그런데 첫 번째 문장은 도무지 이해할 수가 없습니다. 소리 내어 읽을 수도 없고 유의미한 단어 하나도 찾을 수가 없어요. 하지만 두 번째 문장은 영어를 공부해 본 친구라면 이해할 수 있을 거예요. '모직 장갑을 끼고 있어서 바나나 껍질을 벗기기 쉽지 않다.'라는 뜻이지요.

왜 그럴까요? 이는 여러분이 고도로 복잡한 기술을 개발해 왔기 때문입니다. 영어 단어 패턴 인식, 즉 읽기 능력이 여러분도 모르는 사이에 연습을 통해 일정 수준 이상으로 올라온 거예요.

갓 태어난 아기를 떠올려 보세요. 아기의 눈에 저 두 문장은 차이가 있을까요? 눈곱만큼도 차이가 없지요. 날 때부터 알파벳을 깨치고 세상에 나오는 사람은 아무도 없으니까요. 신생아에게 두 문장은 그저 똑같은 헛소리일 뿐입니다.

읽기는 생각보다 몹시 복잡한 두뇌 작용이에요. 글자 하나하나를 읽고 파악하는 건 물론이고, 각 단어의 의미에, 언어마다 다른 어순도 알아야 하며, 문장 간의 관계까지 논리적으로 추론해야 하지요. 여러분은 어릴 때부터 지금까지, 이토록 어려운 읽기 연습에 수백 시간을 쏟아 왔습니다. 깨닫지도 못하는 사이에 말이에요. 그러나 여러분 모두 이 사실을 의식해 본 적이 한 번도 없었을 거예요. 이쯤 되면 이런 생각이 들지 않나요?

'이 복잡한 읽기 기술도 마스터했는데 바이올린 연주를 못 할 이유가 뭐야? 내 능력 밖이라고 여겼던 과학 주제를 완벽히 이해하는 일은 또 왜 안 되는데? 나도 할 수 있어. 연습만 하면!'

그렇습니다. 어려워 보이는 일도 도전해서 성공하지 못할 이유가 전혀 없는 거예요. 여러분이 깨닫지 못하는 사이에 수없이 연습해 온, 복잡한 일들을 몇 가지 더 이야기해 봅시다.

사람들 속에서 친구 얼굴 알아보기

사람들의 얼굴을 알아보는 것은 굉장히 까다로운 일입니다. 사실 사람 얼굴은 거기서 거기잖아요. 눈 두 개, 귀 두 개, 코 하나, 입 하나. 하지만 누군가의 얼굴을 보는 데 수많은 시간을 쏟고 나면 얼굴의 작은 차이들이 눈에 확 들어옵니다. 턱의 길이, 콧등의 넓이, 눈동자의 색깔까지 다른 부분을 잡아 낼 수 있어요. 오랜 시간 해 온 이 훈련 덕에 우리는 안면 인식의 고수가 되었습니다.

물론 무의식중에 안면 인식의 고수가 되었다고 해도, 그 대상이 생쥐가 되면 이야기는 달라집니다. 쥐 한 마리 사진을 보여준 후, 40마리가 한데 모인 우리 안에서 그 쥐를 골라내라는 요청을 받았다고 생각해 봅시다. 여러분은 그 쥐를 단번에 골라낼 수 있겠나요? 눈썰미가 좋은 사람이라도 긴 꼬리에 툭 튀어나온 주둥이 쥐들은 다 비슷비슷해 보일 겁니

다. 아주 오랜 시간 훈련을 해서 자신만의 쥐 구별 노하우가 생긴다면 모를까요. 반면 또래 친구 40명을 줄 세워 놓고 같은 방식의 요청을 받았다면, 대부분은 골라내라는 친구를 단번에 찾아낼 것입니다. 이것이 우리가 몽타주를 보고 범인을 찾아내는 이유이기도 하죠.

가위바위보

다 같이 피자를 먹다가 한 조각이 남았다면 이걸 누가 먹을지 어떻게 정할까요? 역시 결정이 필요한 순간엔 가위바위보가 최고죠.

예전에 형의 새 자전거를 놓고 형과 가위바위보를 한 적이 있습니다. 제가 이기면 형이 자전거를 준다고 했어요. 첫판은 형의 승리였습니다. 전 3판 2 선승제를 해야 한다고 박박 우겼지요. 그리고 두 번 더 이어진 가위바위보에서 연달아 이기며 끝내 형의 자전거를 빼앗았어요. 여담이지만, 가위바위보를 할 때 첫판에 이겼으면 무슨 일이 있어도 거기서 끝내야 합니다. 안 그러면 우리 형처럼 역전을 당해 자전거를 빼앗기고 말 거예요(물론 형은 저에게 자전거를 주지 않았습니다. 화가 머리끝까지 났거든요).

아무튼 다시 본론으로 돌아가 봅시다. 가위바위보는 뇌의 입장에서는 고도로 복잡한 사고 과정입니다. 가위를 이기는 게 바위고, 바위를 이기는 게 보이며, 보를 이기는 게 가위라는 기본 룰만 안다고 끝이 아니죠. 상대가 다음번에 무엇을 낼지, "가위, 바위, 보~"를 외치는 그 짧은 순간 사고를 휙휙 전환시키며 예측해야 해요.

가위바위보를 하면 할수록 여러분의 뇌는 점점 더 상대의 동작에 맞춰 세밀하게 예측력을 조정합니다. 극도로 집중하면 상대방이 뭘 낼지, 그 가위바위보의 결론이 마치 슬로 모션처럼 눈에 보이는 지경까지 이른답니다. 그리고 3판 2 선승제를 하자고 상대를 구슬릴 땐 머릿속으로 벌써 확률을 가늠하고 있겠지요. '상대가 정말 세 번 연속 바위를 낼까?' 하면서요. 대체 누가 여러분더러 수학을 못한다고 했나요? 여러분은 확률의 귀재입니다.

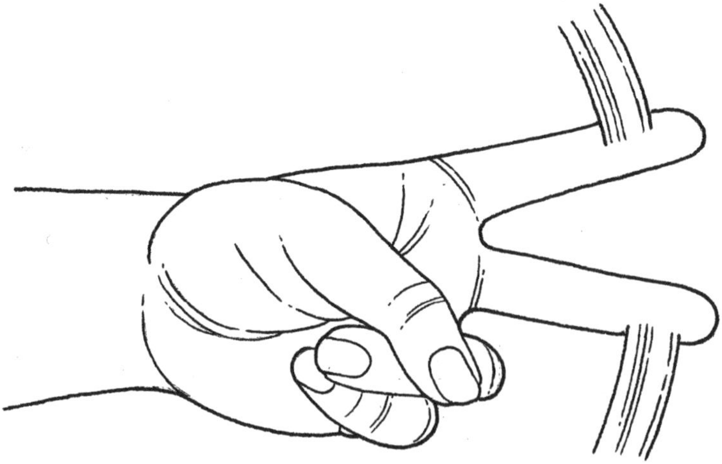

패턴 인식

우리는 왜 길을 건너기 전에 좌우를 살필까요? 축구를 할 때 어느 방향으로, 얼마나 빠른 속도로 달려야 친구의 패스를 받을 수 있는지 아는 이유는 뭘까요? 이건 전부 '패턴' 덕분입니다.

패턴은 어떤 행동이나 생각을 여러 번 반복하면서, 가장 효율적이고 안정적인 방향을 스스로 찾게 되는 일이에요. 찻길을 건너기 전 주변에서 차가 오는지, 온다면 지금 건너도 그 차에 치이지 않을지 아니면 위험할지를 여러 번 길을 건너는 상황 속에서 확인하고 가장 안전한 패턴을 찾으면 이것이 몸에 남아 자연스럽게 좌우를 살피게 됩니다.

친구에게 패스를 받을 때도 마찬가지로, 친구와 패스를 주고받는 시간이 많아질수록 상황마다 친구가 공을 보내는 패턴을 알게 되어 그에 맞추어 몸이 자연스럽게 움직이게 되지요. 이처럼 여러분도 깨닫지 못한 사이에 여러분의 뇌 속에는 여러 상황에 대한 패턴이 자리하게 됩니다.

가끔, 이 패턴 인식이 다소 지나치게 작동할 때도 있어요. 토스트 식빵의 탄 자국에 예수의 얼굴이 보인다고 생각하거나, 구름을 보며 팝스타의 격한 몸짓이 보인다고 생각하는 일들이 바로 그것이랍니다.

우리는 이처럼 이미 복잡한 일들을 수없이 많이 척척 해내고 있습니다. 정말 진심으로 말하는데 우리는 이미 끝내주게 탁월합니다. 이제 이 탁월함을 자신이 원하는 일에 적용하기만 하면 됩니다. 기술은 확실히 알고 있으니 이제 여러분에게 필요한 것은 오로지 연습뿐입니다.

10

특별한 나를 만드는 연습의 비밀

하지만 연습이라고 다 같은 연습이 아닙니다. 애석하게도, 모든 연습이 여러분의 두뇌를 발달시키고 신경 경로를 생성하는 데 유용한 건 아니거든요. 연습에는 여러 종류가 있고, 그중에서도 다른 것보다 훨씬 효과적인 방법이 따로 있습니다.

• 혹독하게, 더욱 혹독하게 연습하라 •

그냥 끈기를 가지고 매달려 노력하면 된다는 게 그릿이라더니, 좀 충격적인 얘기인가요? 오해는 마세요. 그릿을 가지고 도전하고 끝까지 연습하는 것이 가장 중요한 게 맞습니다. 다만 여러분의 소중한 시간을 좀 더 효율적으로 사용한다면 1만큼 발전시킬 것도 100만큼 발전시킬 수 있잖아요. 한정된 시간 속에서 소용없는 연습에 시간을 낭비하기보다 더 핵심이 되는 연습으로 꿈을 향해 나아가자고요.

그럼 유용한 연습은 따로 있다는 게 무슨 뜻인지부터 알아봅시다. 여러분은 혹시 자전거를 탈 줄 아나요? 다음의 선택지를 보면, 정말 효과 있고 강력하게 지속되는 신경 경로를 만드는 연습은 고생스럽고 힘겹다는 점을 알 수 있어요. 눈에서 눈물이 찔끔 나고, 온몸이 쑤시고, 머리에 쥐가 나는 그런 연습이죠. 여러분은 저절로 얼굴이 구겨지고 이를 악물게 되지만, 끝난 후에는 해냈다는 생각에 스스로 뿌듯해지는 그런 연습을 해야 합니다.

이미 할 줄 아는 것을 연습해서 발전하는 사람은 아무도 없어요. 여러분은 걸을 수 있나요? 답은 아마도 '예'이겠지요. 지금도 쉽게 할 수 있는데, 매일매일 걷기 연습만 한다고 얼마나 더 잘 걸을 수 있을까요?

소파에 드러누워 한쪽 눈으로는 SNS를 곁눈질하고, 다른 쪽 눈으로는 영어 단어를 들여다보며 공부를 하다 말다 하는 건 전혀 힘겨운 공부가 아니에요. 뇌에 쥐가 나지도 않고 떠오르지 않는 단어를 애써 기억해 내려고 인상을 찌푸릴 일도 없지요. 하지만 진짜 영어 단어를 많이 외우고 싶다면, 당장 소파에서 일어나 휴대폰은 손에서 놓고 큰 소리로 외운 단어를 몇 번이고 말해 봐야 해요. 이런 게 진짜 효과적인 연습법이지요.

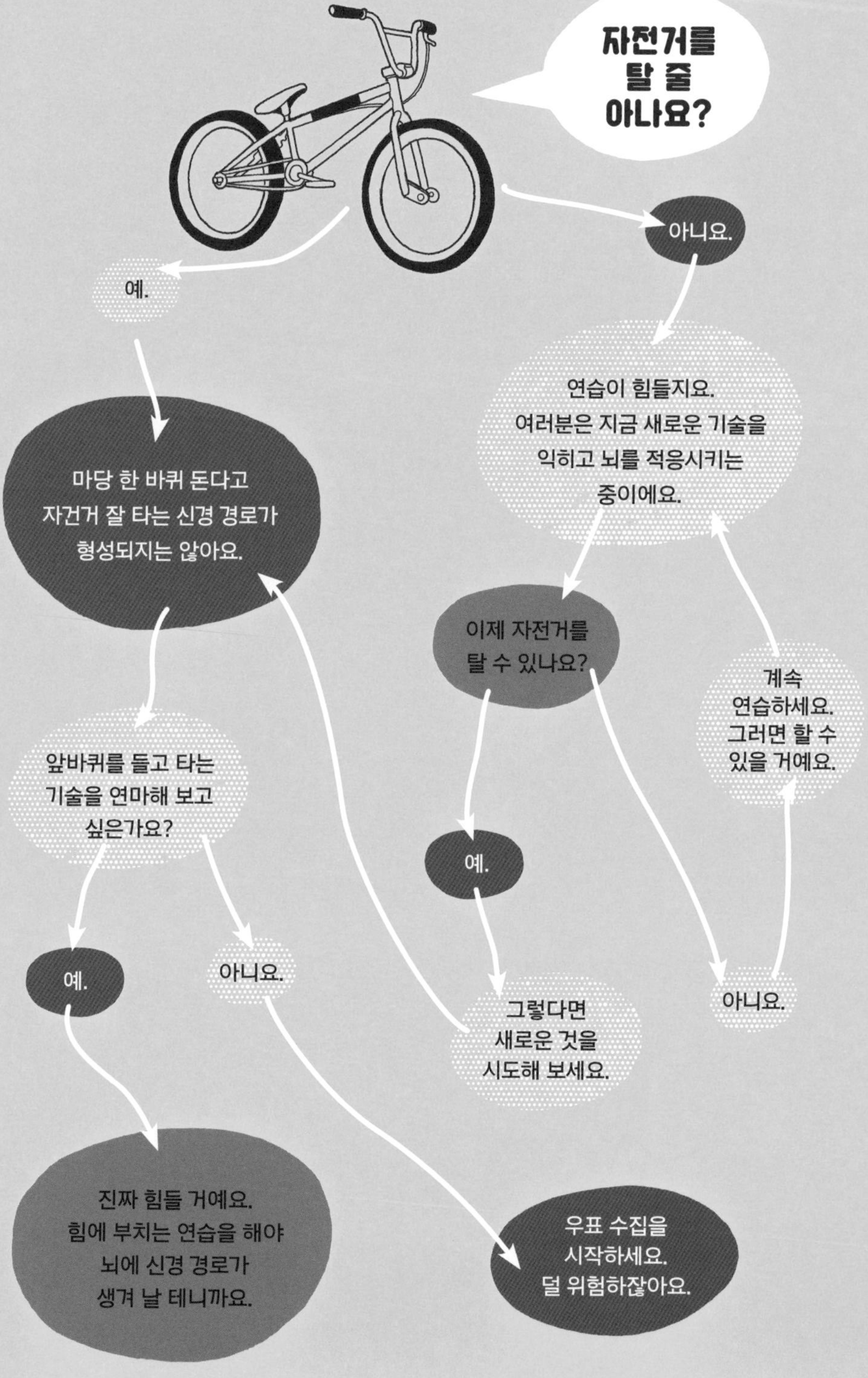

자전거를 탈 줄 아나요?
예.
아니요.
마당 한 바퀴 돈다고 자건거 잘 타는 신경 경로가 형성되지는 않아요.
연습이 힘들지요. 여러분은 지금 새로운 기술을 익히고 뇌를 적응시키는 중이에요.
이제 자전거를 탈 수 있나요?
계속 연습하세요. 그러면 할 수 있을 거예요.
앞바퀴를 들고 타는 기술을 연마해 보고 싶은가요?
예.
아니요.
예.
그렇다면 새로운 것을 시도해 보세요.
아니요.
진짜 힘들 거예요. 힘에 부치는 연습을 해야 뇌에 신경 경로가 생겨 날 테니까요.
우표 수집을 시작하세요. 덜 위험하잖아요.

자전거를 타면서 숱하게 넘어지며 실수할 수 있어요. 열심히 외운 영어 단어가 도무지 기억나지 않을 수도 있고요. 그러나 그 과정에서 여러분의 뇌 속에는 분명 자전거를 잘 타게 하는 신경 경로와 영어 단어를 더 잘 외우게 하는 신경 경로가 만들어질 거예요. 한번 생겨난 신경 경로는 다음번 연습 때는 더 빨리, 잘하게 만들어 주겠지요. 이어서 한 단계 더 어려운 연습 계획을 실천해 계속해서 신경 경로를 탄탄하게 만들어 주면, 여러분은 어느새 자전거 묘기 달인이나 영어 연설 대회 우승자가 될 것입니다.

승부욕의 화신인(그리고 아직도 제게 자전거를 안 내놓고 있는) 우리 형을 기억하죠? 어릴 적 형은 저의 가장 혹독한 연습 상대였습니다. 형은 저보다 탁구를 잘 쳤어요. 그래서 저에게 몇 가지 탁구 기술을 알려 주었고, 꼭 필요한 스트레칭도 가르쳐 주었죠. 제가 이런 말을 했다는 걸 형이 안다면 분명 으스대겠지만, 솔직히 말해 형은 모든 면에서 저보다 빠르고, 강하고, 뛰어났습니다.

탁구 경력이 쌓이면서 저는 더 이상 형과 연습하는 일이 힘겹지 않았어요. 그래서 저는 저보다 우수한 선수를 찾아 연습 상대를 해 달라며 유럽 전역을 돌아다녔습니다. 이 여정은 정말 힘들었어요. 일단 연습 상대를 찾는 일도 쉽지 않았고, 그렇게 만난 연습 상대들은 제가 도통 받기 어려운 서브를 날려 주었기 때문

기적을 일으키는 것은 신이 아니라 자신의 의지다

-전 피겨스케이팅 선수 김연아

에 전 그전보다 더욱더 많은 시간을 탁구 연습에 몰두해야 했습니다. 하지만 그 덕분에 올림픽 무대에서 고난도의 서브를 받고도, 여유까지 부리며 리시브를 해낼 수 있었습니다.

어떤 일을 잘 해내고 싶다는 목표가 있다면, 연습할 때 절대 쉬운 방법이나 쉬운 상대를 택하지 마세요. 제가 더 이상 아빠와 경기하지 않는 것처럼요. 아빠와 방 안을 어슬렁대는 수준의 탁구를 친다고 실력이 늘 리는 없으니까요.

• 연습으로 탁월함을 얻은 사람들 •

효과적인 연습이 실제로 기량을 얼마나 크게 향상시키는지 보여 주는 일화를 몇 개 살펴볼까요?

리오넬 메시

세계적인 축구 스타인 메시는 어렸을 때 풋살이라는 운동을 했어요. 풋살은 작은 경기장에서 다섯 명이 한 팀이 되어 벌이는 축구입니다. 풋살은 매우 힘든 운동이에요. 경기장은 작지만 그만큼 쏜살같이 달려야 하고, 선수끼리 몸싸움이 잦아 능수능란한 발놀림을 연마해야 하지요. 그래서 풋살을 하다가 실제 크기의 축구장에서 경기를 하게 되면 경기가 느리게 느껴진다고 합니다.

이렇게 풋살을 연습하며 익힌 재빠른 발놀림을 바탕으로 메시는 큰 경기장에서 열리는 축구 경기에서 말 그대로 날아다닐 수 있었던 것입니다. 마치 2배속 댄스를 연습한 가수에게 원래 속도의 댄스는 아주 쉬운 것처럼 말이에요.

벤저민 프랭클린

벤저민 프랭클린은 미국 건국의 아버지 중 한 명으로 유력 정치인이자 작가이며 과학자였습니다. 어렸을 때 프랭클린의 아버지는 프랭클린이 글쓰기에 그다지 재주가 없다고 말했습니다. 그래서 프랭클린은 글쓰기 실력을 향상시키려고 당대의 훌륭한 작가들의 작품을 구해 읽었습니다. 그리고 읽은 기억을 떠올리며 글을 통째로 다시 써 보았지요.

이렇게 자신이 외워서 쓴 글과 원본을 비교하며 다른 점을 모두 찾아내는 연습을 꾸준히 하자, 프랭클린의 글쓰기 실력은 일취월장했습니다. 심지어 프랭클린은 언어 구사력을 키우기 위해 기사를 시로 옮기기도 했다네요. 그냥 쓰기도 어려운데, 기사를 재구성해서 시를 썼다니, 그 연습이 얼마나 어려웠을지 상상이 갑니다.

"능력이 빼어난 사람들은 모두 배우고 성장하고 발전할 방법을 부단히 찾는다."

- 벤저민 프랭클린

영국 여자 하키 대표팀

2016년 리우데자네이루 하계 올림픽을 준비하던 시기의 일입니다. 의지로 똘똘 뭉친 영국 여자 하키 대표팀은 '생각하는 목요일'이라는 훈련을 시작했습니다. 이 훈련은 평소에도 열심히 연습을 하지만, 목요일이 되면 더욱 필사적으로 연습을 하자는 내용이었지요. 그리고 목요일 훈련이 끝날 즈음, 감독은 과제를 던져 주었습니다. 다음 시합에서 벌어질 수도 있는 전술적 문제에 대해 해결 방법을 생각해 내라고 말이에요. 고된 훈련으로 녹초가 된 상태에서 난해한 전술 문제까지 해결해 오라니, 선수들은 정말 기진맥진했습니다. 하지만 그렇게 힘든 훈련과 고된 정신 싸움을 반복하자 이 과정이 조금씩 익숙해졌어요. 그리고 중압감이 넘치는 실제 경기 현장에서도 절대 짓눌리지 않고, 순간순간 돌파구를 찾아내는 능력을 얻을 수 있게 되었답니다(영국 여자 하키팀의 경기 결과는 177쪽에서 확인하세요!)

시몬 바일스

미국 체조 선수 시몬 바일스는 어릴 때부터 연습에 인생을 바쳤습니다. 바일스는 여섯 살 무렵부터 운동에 관심을 가져, 여덟 살에는 첫 번째 트레이너와 훈련을 시작했죠. 그리고 열아홉이 되던 2016년 수많은 메달을 거머쥐었습니다. 그해 리우데자네이루 하계 올림픽에서는 모두의 예상대로 금메달을 따 냈습니다. 그것도 네 개씩이나요! 10년이 넘는 오랜 시간의 연습이 만들어 낸 값진 결과입니다.

• 피드백과 친해져라 •

열세 살 무렵, 제 꿈은 스파이가 되는 것이었습니다. 가끔은 장난삼아 거실 구석에 숨어서, 제가 몰래 훔쳐보고 있다는 사실을 부모님이 알아채는 데 얼마나 걸리나 체크해 보곤 했죠. 이상하게도 부모님은 제가 숨어 있는 걸 절대 알아채는 법이 없었어요. 전 그게 제가 위대한 꼬마 제임스 본드이기 때문이라 생각했습니다. 끝내주는 스파이 자질이 있어 잠복도 훌륭하게 해내니, 아무래도 영국 정보국 MI6에 들어갈 운명이라고 착각까지 했지요.

지금 생각해 보면, 부모님은 제가 TV 뒤에 숙치고 있는 걸 알면서도 또 다른 쓸모없는 짓을 하는 것보다야 낫다 싶어서 그냥

모른 척해 주신 것 같아요. 어쨌든 그 덕에 전 한동안 스파이 꿈을 꿀 수 있었습니다.

그런데 이 꿈은 얼마 못 가 사라졌습니다. 잘 기억나지 않지만, 곧 흥미를 잃었던 것 같아요. 그게 당연한 것이, 제 딴에는 스파이의 특별한 잠복 기술을 연마 중이라고 생각했지만 사실 전 그냥 조용히 혼자 앉아 있었을 뿐이었어요. 부모님도, 형도, 그 누구도 절 찾아내 주거나 반응을 해 주지 않아서 제가 제임스 본드처럼 위대한 스파이가 될 싹수가 있었는지 알 길이 없었죠. 피드백이 없어서 더 나아질 가능성이 아예 없었던 겁니다.

피드백 없는 연습은 꼭 어둠 속에서 농구 연습을 하는 것과 비슷합니다. 어두워서 아무것도 안 보이는데, 공이 골대로 들어갔는지 안 들어갔는지 어떻게 알겠어요? 또 많이 벗어났는지 아슬아슬하게 못 넣은 건지도 알 수가 없죠. 불을 켜고 내가 던진 공이 어떻게 날아가는지 확인하고, 자세를 수정해 가며 계속 슛을 연습해야 골인하는 횟수도 늘어납니다.

피겨 스케이팅 선수는 4회전 점프나 매우 빠른 스핀을 돌 때면 즉각적으로 자신의 수행에 대한 피드백을 받습니다. 어떻게요? 잘

못된 자세를 취하면 엉덩방아를 쿵 찧잖아요. 넘어지면 비록 엉덩이는 아프지만, 다음 연습 때는 실수한 부분을 고치고 다른 방법으로 시도해야 한다는 사실을 깨달을 수 있습니다. 이처럼 어떤 일에 탁월해지려면 각자 나름의 '엉덩방아 찧기'와 같은 피드백 창구가 필요합니다.

부모님, 선생님, 감독님, 친구, 누구라도 좋습니다. 가급적 여러 사람이 어디를 잘못하고 개선해야 하는지 솔직히 피드백을 준다면 좋겠지요. 만약 상황이 여의치 않아 혼자서 연습해야 한다면, 스스로 비평가가 되어 보세요. 물론 이때 피드백은 솔직하고 객관적인 시선으로 찾은 것이어야 합니다. 진실된 눈으로 스스로를 바라보세요.

가장 중요한 것은 연습을 하며 얻는 피드백을 자신을 꾸짖는 거라 생각하지 말고, 앞으로 나아가게 하는 열쇠로 여겨야 한다는 점입니다. 이것이 새로운 기술을 배우고 발전시켜 마침내 목표를 성취해 내는 가장 확실한 방법입니다.

11

일상 속 연습 계획 세우기

탁월한 사람들은 힘에 부치는 훈련을 통해 성취를 이룹니다. 이게 그들의 성공 비결이죠. 그렇다고 자신의 분야에서 세계적으로 유명해진 사람들에게만 이 이야기가 해당되는 건 아니에요. 여러분도 이런 훈련을 통해 여러 일들을 탁월하게 할 수 있어요. 아래 연습 계획들을 참고로 여러분만의 연습 계획을 세워 보세요.

운동 잘하기

여러분보다 잘하는 사람과 연습하세요. 달리기라면 기록이 더 빠른 친구와 연습하고 뜀틀 뛰기면 더 높은 단을 뛰어넘는 친구와 연습하는 겁니다.

슬픈 현실이지만, 여러분이 세계 1등이 아니라면 나보다 무언가를 잘하는 사람은 반드시 존재합니다. 고난도의 슛, 까다로운 패스를 멋지게 해내는 친구가 있다면 창피해하지 말고 같이 연습하자고 청하세요.

또 자주 하는 운동법은 과감히 버리고 다양한 연습 방식을 찾아보세요. 그중에서 유독 땀을 많이 흘리게 하는 고된 연습 방식이 있다면 그건, 꼭 해봐야 합니다. 연습 일지를 써서 발전 과정을 기록하고, 그에 발맞추어 연습의 목표를 계속해서 올려 한계에 도전하는 것도 중요합니다.

수업 시간에 자신 있게 발표하기

쉬운 관중부터 연습을 시작해 조금씩 어려운 단계로 나아가보세요. 이를테면, 처음엔 거울 앞에서 발표 연습을 하는 겁니다. 자기 자신에게 자연스럽게 발표하게 된다면 다음엔 집에서 키우는 애완동물 앞에서 연습해 보세요. 키우는 동물이 없다면 카메라를 켜 놓고 녹화해 보는 것도 좋습니다. 그다음으론 가족 앞에서 연습합니다. 가족은 내가 아는 얼굴들이지만 막상 가족 앞이라도 발표하는 게 벅찰 수도 있어요. 짓궂은 형제가 웃을 수도 있고요. 하지만 이 과정을 거치고 나면 반 친구들 앞에서 발표하는 것도 한결 수월해질 거랍니다.

만일 이 모든 연습 과정을 잘 수행하고 많이 사람들 앞에서 발표를 자신 있게 했다면 집에서 그 기억을 되살려 자신의 발표를 객관적으로 검토해 보세요. 스스로에게 주는 피드백을 통해 이제는 더 유창하게 발표하는 단계로 나아갈 수 있으니까요.

수학 점수 올리기

여러분의 수학 점수는 몇 점인가요? 혹시 물어보면 안 되는 비밀인가요? 얼마가 되었든, 여러분이 받고 싶은 수학 점수가 분명 있을 거예요. 그 목표 점수로 나아가기 위해선 이미 쉽게 풀 수 있는 문제가 아니라 몇 분 동안 머리를 꽁꽁 싸매고 달려들어야 하는 고난도의 문제를 풀어야 합니다. 어려운 문제를 풀기 위해 알고 있는 모든 수학 공식을 가져오고, 수업 시간에 들었던 선생님의 설명을 기억해 내는 과정을 통해 여러분의 수학 지능에 연결된 신경 경로는 더 많아질 것입니다.

물론 너무 어려워서 풀이를 시작할 단초조차 못 찾는 문제는 혼자 힘만으로 해결하기 어려울 거예요. 그럴 땐 두려워하지 말고 선생님이나 수학을 잘하는 친구에게 도움을 청하세요. 설명을 들으며 왜 자신이 그 문제를 풀지 못했는지 원인을 파악하고 오답 노트를 만들어 상세히 적어 둔다면, 다음번에 유사한 형식의 문제를 만나도 못 풀고 포기하는 일은 없을 것입니다.

외국어 연습하기

외국어 회화의 시작은 소리 내기부터입니다. 그리고 혼자서 하는 것보다 친구나 선생님 앞에서 해야 합니다. 그래야 부족한 부분이 어휘인지, 발음인지를 알 수 있죠. 외국어 공부는 특히 더 원어민의 피드백이 중요합니다. 원어민과의 대화라니, 상상만 해도 떨리고 두렵나요? 그러나 나와 실력이 비슷한 사람과 연습해서는 절대 회화 실력이 나아질 수 없습니다.

외국어 회화는 처음 단어 외우기에서, 문장 외우기, 친구와 짧은 대화하기, 외국어 말하기 대회 나가기, 그리고 원어민과 대화하기까지 단계별로 점점 더 어려워지는 연습 방식을 계획할 수 있어요. 외국어 회화와 관련된 신경 경로가 늘어날수록 더욱 어려운 연습 방식으로 변화를 주며 연습해 보세요.

중간 고사, 기말 고사 잘 보기

책만 멍하니 바라본다고 글자가 알아서 머릿속으로 들어가진 않겠죠? 특히나 학교의 중간, 기말 고사는 그간 배운 것을 전부 확인하는 중요한 시험이에요. 따라서 실제 시험에 가까운 상황을 만들고 기출 문제를 푸는 연습이 필요합니다. 아마도 많은 친구들이 실제 시험 때 긴장을 해서 아는 것도 틀리는 경우가 많을 거예요(이와 관련해선 7장에서 다시 이야기하겠습니다).

그러므로 가장 극한 연습 방식은 진짜 시험을 본다는 생각으로 모의고사를 풀어 보는 일입니다. 시간도 재고, 주변도 조용히 만든 뒤 문제를 풀어 보세요. 정해진 시간 내에 얼마나 풀 수 있는지 실전과 같은 연습을 꼭 하세요.

글쓰기

어릴 때부터 오로지 위대한 탁구 선수가 되기 위해 열심히 연습했던 저는 이제 여러 사람에게 그릿을 알려 주고자 강의를 하고 책과 기사를 쓰고 있습니다. 이 글쓰기를 처음 시작할 때 저도 많이 방황했습니다. 제겐 글쓰기와 관련된 신경 경로가 하나도 없었으니까요. 청소년 여러분들 대부분도 글쓰기에 대한 신경 경로는 아직 미흡할 거예요. 너무 조급해하지 말고 조금씩 어려운 단계로 나아가는 글쓰기 연습을 해 봅시다.

우선은 잘 쓰인 책을 찾아 읽습니다. 그다음엔 순차적으로 단문 쓰기, 장문 쓰기를 이어 가세요. 어느 정도 글쓰기에 거부감이 없어진다면 평소 자주 쓰는 형태의 글이 아닌 다양한 장르의 글을 써 봅니다. 물론 엄청 어려울 거예요. 하지만 다른 글을 찾아 읽고 분석하며 연습하면 충분히 해낼 수 있습니다.

마지막으로는 글쓰기 대회에 참가해 보는 것도 좋습니다. 글쓰기 연습 과정에서 중요한 건, 다른 사람들의 피드백입니다. 메시지가 잘 읽히는지, 문장들의 의미를 명확히 알 수 있는지 등 독자의 반응을 꼼꼼히 살펴 발전하는 재료로 활용하세요. 국어 선생님께 부탁한다면 아마 아주 좋은 피드백을 받을 수 있을 것입니다.

유명인의 실패담

제이 지

제이 지는 전 세계 힙합 팬들의 열렬한 지지를 받는 성공한 뮤지션입니다. 자신만의 레코드 레이블을 소유하고 있기도 하죠. 게다가 의류 브랜드, 음료 브랜드, 기술 기업, 음악 스트리밍 서비스도 운영하고 있습니다. 이게 다가 아닙니다. 무려 비욘세와 결혼했답니다!

이런 제이 지가 평생 살면서 실패란 걸 해 봤을까요? 평행우주에 사는 제이 지라도 실패는 안 해 봤을 것 같습니다.

하지만 그런 제이 지가 처음 음악을 시작했을 때, 그의 앞에는 실패의 가시밭길만이 놓여 있었습니다. 무명의 흑인 래퍼에게 메이저 음악업계는 그리 만만치가 않았지요. 열정으로 똘똘 뭉친 젊은 힙합 뮤지션 제이 지는 갖은 애를 써 가며 자신을 지원해 줄 레코드 레이블을 찾았습니다. 그러나 어느 곳에서도 그에게 기회를 주지 않았어요.

여기서 제이 지가 단념했다면, 지금의 슈퍼스타 제이 지는 존재하지 않았겠지요. 계속된 거절에도 굴하지 않고 제이 지는 직접 나서서 차에 CD를 쌓아 놓고 팔았습니다. 조금씩 자신을 알리고 무대에 서며 끝내는 자신의 레코드 레이블을 설립했지요.

그 후는 모두가 아는 대로입니다. 제이 지는 음악을 위한 도약의 발판을 마련했을 뿐 아니라 세계에서 가장 성공한 사업가가 되었으며, 리한나 등 여러 스타의 일을 관리하고 있습니다. 대단한 인생역전 아닌가요?

"나는 실패하지 않을 것이다. 패배 속에서도 배우는 값진 교훈이 있으니 내게는 원점인 셈이다. 사람은 성공보다 실패에서 더 많은 것을 배운다."

\- 제이 지

그릿 액션 3

혹독한 훈련 계획을 세우는 법 ▶▶

매일, 조금씩 힘겨워지는 연습을 해 나가는 것이 우리의 뇌를 탁월하게 만든다는 것을 이제 잘 알게 되었죠. 이 성장형 사고방식의 태도만 있다면 호기심을 갖고 새로운 일을 시도하는 것이 더 이상 두렵지 않습니다. 단, 중간에 실수했다고 절대 그만두면 안 돼요. 지금까지 한 것이 아깝잖아요? 끈기 있게 매달려 실수를 극복하고 여러분의 그릿을 성장시켜 봅시다.

지금 여러분이 하고 있는 훈련이나 연습은 무엇인가요? 그것들을 좀 더 혹독하게 하는 방법을 생각해 볼까요? 다음 표에 현재 여러분이 연습하고 있는 것과 앞으로의 연습을 어떻게 더 발전시킬지를 적어 보세요.

훈련 계획표	
내가 잘하고 싶은 일	
원하는 최종 목표	
최종 목표부터 역산한 단계별 세부 연습 목표 *목표는 최대한 세분화하여 잡는다. *세부 연습 목표에 더욱 혹독한 연습을 하기 위한 플러스알파 목표를 쓴다(정말 이루기 어려워 보이는 목표)	
연습 후 고칠 점과 달성 정도 자체 평가	

“나도 더는 노력할 필요가 없도록
열심히 노력해야만 했다.”

- 노력형 천재 작곡자, 모차르트

5장

정말 천재는

타고나는 것일까?

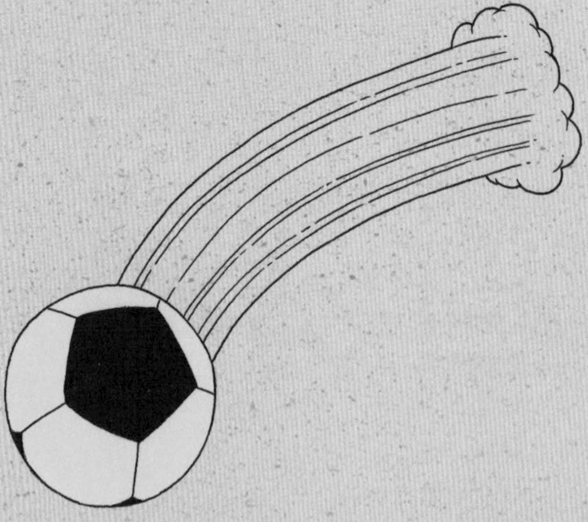

12

같은 출발선, 다른 결과를 불러오는 요소들

여러분은 다음과 같은 문장을 보면 어떤 생각이 드나요?

- 축구장 하프라인에서부터 곡선을 그리며 날아가 골대에 꽂히는 죽여주는 프리킥
- 경기 시작 5분 만에 체크 메이트를 만들어 내는 체스 그랜드마스터
- 무슨 시험이든 매번 1등을 차지하는 같은 반 아이
- 토씨 하나 빼먹지 않고 대사를 다 외우고, 전혀 떨지도 않는 학교 연극 스타
- 탁구대 15미터 밖에서 내리꽂는 완벽한 포핸드 스매싱(네, 제 얘기예요.)

• 빛나는 왕관 뒤에는 고단한 연습이 있다 •

저 위대한 능력을 지닌 사람들이 범접할 수 없을 정도로 정말 대단해 보이죠? 아마 저런 사람들은 단 한 번도 자기 분야에서 실수를 하거나 잘 못했던 적이 없을 거라고 생각할지도 몰라요. 아장아장 걸음마를 떼는 비욘세나 축구공은 구경도 못 해 본 시절의 네이마르를 우리는 상상도 할 수 없으니까요.

하지만 이런 세계적인 슈퍼스타들도 태어날 땐 여러분이나 저와 똑같았습니다. 할 줄 아는 거라곤 우는 일뿐이었죠. 다만, 정상에 오르기까지 비욘세와 네이마르는 자신에게 다가온 기회를 잡고 새로운 기술을 시도하며 실패에 대비했습니다. 오로지 이것만이 이들을 최고의 경지에 도달하게 만든 요인입니다. 뛰어난 업적을 남긴 사람들이 어떻게 탁월함에 이르렀는지 정확히 이해하는 것이야말로 성장형 사고방식을 기르는 데 가장 좋은 공부법입니다.

다시 맨 처음 등장했던 두 명의 잭을 떠올려 봅시다. 평범한 잭이 텔레비전 채널을 돌리다 전국 탁구선수권대회 결승 장면을 보면서 어떤 반응을 보였을지 한번 상상해 볼까요? 생중계를 지켜보며, 평범한 잭은 매우 놀랐을 것입니다. 포기하지 않고 탁구 선수가 된 특별한 잭이 승리를 향해 숨 막히는 전투를 해 나가는 모습이 너무나도 멋졌을 테죠. 자신과 비슷한 또래인데도 경기를 장악하며 카리스마를 내뿜는 장면에 완전히 매료되었을 거예요.

평범한 잭은 소파에 발을 올리고, 엄마가 또 노느냐고 잔소리를 할까 싶어 한쪽 눈은 방문을 감시하며 경기를 지켜보았습니다. 경기가 진행될수록 평범한 잭의 심사가 점점 뒤틀리기 시작했습니다. 평범한 잭은 단 한 번도 본 적 없었던 화려한 기술까지 선보이는 특별한 잭을 보며 속이 갑갑해졌지요.

'누구는 뭐 하나 잘할 기미도 안 보이는데 누구는 어마어마한 재능을 타고나는구나!'

평범한 잭은 이런 생각으로 머릿속이 가득 찼습니다. 아마도 평범한 잭이 새로운 일에 도전하고 특별한 잭처럼 무언가를 이루는 일은 앞으로도 없겠지요. 재능은 타고난다는 고정형 사고방식을 버리지 않는 한 말이에요. 평범한 잭에게 특별한 잭이 놀라운 탁구 실력을 갖기까지 어떤 일이 있었는지를 알려 주었다면 과연 평범한 잭의 생각도 바뀌었을까요?

특별한 잭이 탁구 챔피언 왕관을 움켜쥐던 영광의 순간, 평범한 잭은 그저 그 빛나는 왕관만 보았습니다. 특별한 잭이 그 자리에 오르기까지 걸어온 길고도 험난했던 여정은 알려고 하지도 않았지요. 특별한 잭이 수많은 시간을 힘겨운 도전에 쏟아부었다는 사실도 몰랐고요. 사실 제 주변의 사람들도 그랬습니다. 전부 제가 아무 노력도 없이, 날 때부터 탁구 신동이었을 거라고 생각했습니다. 우리 집 차고의 상처투성이 탁구대나 승부욕의 화신인 형, 오메가 탁구 클럽에서의 오랜 시간이 있었다는 것을 모른 채 말이죠.

승리의 순간에 도달하기까지, 우리는 자신의 능력에 의구심을 품을 때가 있습니다. 격한 피로감, 패배의 절망, 반복되는 연습의 지루함까지 전부 탁월함에 이르는 길에 장애물이 될 수 있어요. 이러한 장애물을 극복하고, 나아가 배움의 경험으로 삼기 위해서는 특별한 의지가 필요합니다. 특별한 잭에게도 고난이 있었습니다. 만약 이 고난이 없었다면 특별한 잭의 우승도 그리 달콤하지만은 않았을 거예요.

이야기에서 살펴보았듯이, 평범한 잭과 특별한 잭은 출발선이 같았습니다. 두 사람 모두 날 때부터 탁구 챔피언이 될 만한 재능을 타고나지 않았어요. 또한 영국 대표 탁구 선수로 자라날 운명의 기회도 똑같이 있었지요. 다만 두 사람을 다른 결말로 이끌었던 것은 인생의 갈림길에서 '시도'했느냐, '포기'했느냐의 차이였을 뿐입니다.

아쉽게도 평범한 잭은 덜 힘든 길을 택하고 탁구대 곁을 멀리

떠났습니다. 탁구뿐 아니라 평생 동안 모든 일을 쉬운 길만 선택하고 살았습니다. 그러니 평범한 잭의 눈에 특별한 잭의 성취는 자신은 범접도 못 할, 능력 밖의 일로 보인 것입니다.

세상의 모든 '평범한 잭'은 자신도 한때 뛰어난 성취를 이룬 유명한 사람들과 같은 위치에 서 있었다는 걸 알아야 합니다. 이 점만 안다면 뒤따라오는 답은 명확합니다. '나라고 못 할 건 없다.'라는 거지요.

• 누구나 실수를 하지만 아무나 발전하지는 않는다 •

연습을 한 번도 하지 않고 정확한 음정을 내며 노래를 부르는 가수나, 축구장에 처음 들어서자마자 현란한 드리블을 해내는 축구 신동은 세상에 없습니다. 다들 연습을 통해 기술을 익히고 꾸준히 능력을 갈고닦아야 하지요. 그 과정에선 수많은 실수도 존재합니다. 그래요, 누구나 실수를 합니다! 너무 당연한 말인데 우리는 종종 이 사실을 잊고 삽니다.

유명한 피아니스트의 공연을 보러 갔는데, 피아니스트가 음을 제대로 기억하지 못하고 버벅대면 기분이 어떨 것 같나요? 카 레이싱 경기를 보러 갔더니 선수가 자꾸만 시동을 꺼뜨려 출발도 못 하고 있다면요? 당연히 기분이 나쁠 거예요. 시간과 돈을 들여서 보러 온 건데 말이에요.

큰 공연장에서 연주를 펼칠 만큼 유명한 피아니스트라면 절대 버벅댈 일이 없어요. 왜냐하면 무대에 오르기 전 수없이 많은 연습을 통해 실수하는 모든 상황을 고치며 완벽해졌을 테니까요. 그래서 공연에서는 흐트러짐 하나 없이 완벽한 결과물을 보여 줄 게 분명합니다.

카 레이싱 선수도 마찬가지예요. 경기에 나서기 전까지 트랙을 몇천 번이고 돌며 미끄러지고 때론 사고도 내며 가장 빠른 루트를 찾아 몸에 익혔을 거예요. 그 연습만이 챔피언 컵을 따내는 유일한 길임을 알고 있을 거고요. 이것이 누군가의 성공을 바라볼 때 결과만이 아닌 전체 과정을 봐야 하는 이유입니다.

1990년대에 들어와 많은 학자들이 피겨스케이팅을 연구했습니다. 학자들은 실제 경기에서 실수 없이 매혹적인 연기를 펼치는 피겨 챔피언들과 늘 그저 그런 결과표만 받는 선수들 사이에 대체 무슨 차이가 있는지 궁금해했지요. 그래서 여러 선수들의 훈련 과정을 토대로 연구한 결과, 놀라운 사실을 발견했습니다.

피겨 챔피언에 오른 선수들이 평범한 다른 선수들보다 훈련 중 더 많이 넘어진다는 것이었습니다. 일반적으로 우리는 피겨 챔피언 선수들이 훈련에서도 더 잘 탈 것이고, 당연히 엉덩방아를 찧는 일도 덜할 거라 생각합니다. 그러나 실제로는 피겨 챔피언 선수들이 더 고난도의 점프를, 될 때까지 여러 번 시도하다 보니 더 많이 넘어지고 더 많은 멍이 든다고 합니다.

그러니까 피겨 스케이터의 기량을 가리는 요점은 실수할까 두려워 고난도 점프 훈련은 안 하고 이미 할 줄 아는 점프만 주구장창 뛰어대느냐, 실수를 하더라도 고난도의 점프 기술을 익혀 탁월한 베스트 플레이어가 되겠다고 다짐하느냐에 달려 있었던 겁니다. 실수를 두려워하지 않고 이를 발판으로 실력을 갈고닦는 성장형 사고방식이 이렇게나 중요한 것입니다.

누군가 학교에서 시험을 잘 보고, 피아노 연주를 잘하고, 테니스 경기에서 압도적으로 승리하는 모습을 보면 우리는 그들이 타고난 재능 덕에 뭘 해도 실수 없이 잘하는 거라고 생각합니다. 이런 생각은 고정형 사고방식을 여러분 머릿속에 콕 박는 일일 뿐입니다. 자, 이제 이런 생각을 슥슥 지우고 성장형 사고방식을 따라 가 볼까요?

13

성장형 사고방식의 그루브를 타라

앞서 이야기한 신경 가소성을 기억하죠? 무언가를 아주 능숙하게 해내는 데에 필요한 신경 경로를 구축하려면 시간이 오래 걸린다는 걸 설명했어요. 그러므로 우리 눈에 보이는 성과는 실은 어마어마한 연습의 결과란 것도 이제 알 거예요.

하지만 애석하게도 우리 사회는 '재능 신화'에 매몰되어 있습니다. 뛰어난 성공을 보여 준 사람들은 재능 덕분에 그 자리에 올랐다는 고정관념이 널리 퍼져 있는 것이 엄연한 현실이지요.

테니스 선수 로저 페더러는 'DNA에 테니스 유전자를 새긴 채 태어났다.'는 말을 숱하게 들어 왔습니다. 미국 체조 선수 시몬 바일스에게는 '타고난 강심장'이란 수식어가 자동적으로 따라붙고요. 타고난 강심장이라니, 그러면 엄마 배 속에서 나올 때 공중 3회전을 한 후 두 발로 완벽히 착지하며 태어나기라도 했다는 말일까요? 타이거 우즈에게 '타고난 골프 천재'라고 하는 건 하도 많이 들어서 귀에 딱지가 앉을 지경입니다.

이제 이런 재능 신화를 철저히 깨부수어 봅시다. 우리를 고정형 사고방식에 빠지게 하는 이야기들의 실체를 파악해, 그 속에 진주처럼 숨어 있는 성장형 사고방식을 알아보는 거예요.

• 재능 신화를 깨부수자 •

다음 인물의 이야기를 살펴봅시다.

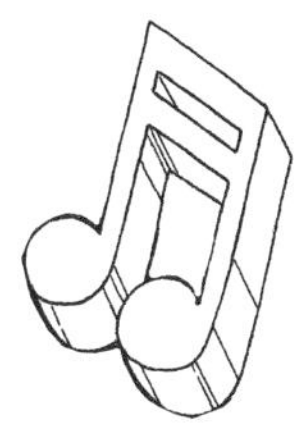

음악 신동 모차르트?

사람들의 생각

모차르트는 신동이다. 여섯 살 무렵에 바이올린곡과 피아노곡을 쓰고 열 살도 되기 전에 수많은 작품을 작곡했다. 한마디로 모차르트는 타고난 음악 천재다.

남들은 모르는 사실

모차르트의 아버지 역시 작곡가이자 연주자였으며 유능한 선생님이었습니다. 더구나 그는 헌신적인 아버지여서 모차르트에게 세 살일 때부터 그에게 강도 높은 음악 훈련을 시켰죠. 여섯 살 무렵까지 모차르트는 대략 350만 시간을 연습에 쏟아부었습니다. 물론 모차르트가 아주 어린 나이에 작곡을 해낸 신동이기는 하지만 그건 어디까지나 아버지의 감독하에 어마어마한 시간 동안 연습을 한 덕분이었습니다. 주변 여섯 살짜리 꼬마 중에 그런 연습을 해낼 수 있는 아이가 몇이나 있을까요?

모차르트는 스물한 살이 되어서야 걸작인 피아노 협주곡 9번을 작곡했습니다. 물론 스물한 살도 여전히 젊은 나이지만 이제 아이라고는 할 수 없는 나이였죠. 스물한 살이 될 때까지 모차르트는 더욱 연습에 힘을 기울였던 것입니다. 그러니 모차르트는 천재로 태어났다기보다 실은 아주 어린 나이부터 탁월함에 이르는 길에 발을 내딛고, 그 길의 모든 단계를 착실히 밟아 왔다고도 할 수 있습니다.

"나도 더는 노력할 필요가 없도록 열심히 노력해야만 했다."

— 모차르트

테니스를 하려고 태어난 세리나 윌리엄스?

사람들의 생각

타고난 테니스 천재. 재능 부자. 스포츠의 전설!

남들은 모르는 사실

세리나는 세 살이 되던 해에 아버지와 함께 테니스를 시작했고, 매일매일 두 시간씩 연습을 했습니다. 세 살 때부터 하루도 빠짐없이 매일 두 시간씩 테니스를 치면 어떤 실력이 될지 상상해 보세요. 그렇게 어린 나이에 그렇게 고된 훈련을 하는 게 훌륭한 생각이라는 말은 아니에요. 제가 하려는 말은 소위 신동이라고 해서 그 기술을 다 타고나는 게 아니라는 것입니다. 신동이라 불리는 아이들도 결국 연습에 연습을 거듭해야만 뛰어난 능력을 지닌 채 성장할 수 있습니다.

다행인 것은 세리나가 테니스를 무척 좋아했다는 점입니다. 세리나는 테니스에 열정을 쏟았어요. 코트가 군데군데 움푹 팬 곳에서도 연습을 했고, 때로는 네트도 없이 연습했지요. 힘든 환경을 만들고 자신의 한계를 시험한 것입니

다. 시간이 흐르며 세리나는 수천 시간의 고된 훈련을 통해 그릿과 투지 그리고 기술을 습득했습니다. 세리나에게는 언니도 있어서 함께 연습하며 기량을 최대한 끌어 낼 수 있었지요.

세리나는 스포츠의 전설이 되기까지의 여정에서 실수도 숱하게 경험했습니다. 처음으로 그랜드 슬램호주 오픈, 프랑스 오픈, 윔블던, US 오픈의 4개 테니스 대회에서 모두 한 번 이상 우승하는 것을 달성하고 몇 년 뒤 세리나의 세계 랭킹은 139위로 곤두박질쳤습니다. 가족 간의 불화와 부상 탓이었죠. 그러나 세리나는 포기하지 않았어요. 시름을 잊기 위해 훈련에 몰두한 끝에 2015년 20번째 그랜드 슬램을 달성했지요. 당시 세리나는 관중 앞에서 이렇게 말했습니다.

"내가 미국 캘리포니아에 사는 꼬마 소녀였을 때 부모님은 내게 테니스를 가르쳐 주고 싶어 했습니다. 그리고 그 덕분에 나는 20번의 그랜드 슬램을 이루고 지금 이 자리에 있게 되었습니다."

세리나의 고된 훈련, 투지, 좌절을 딛고 일어서는 회복력이 결실을 거둔 것입니다.

"챔피언은 승리가 아니라 넘어질 때 어떻게 일어서느냐로 결정된다."

– 세리나 윌리엄스

작가의 피가 흐르는 브론테 자매?

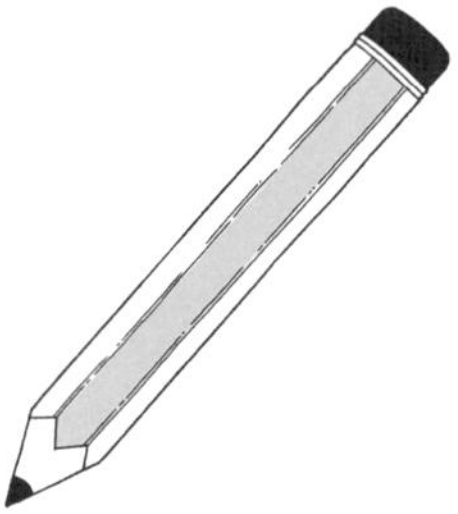

사람들의 생각

자매 세 명이 영국 문학사의 걸작들을 써 냈다면, 그들에겐 특별한 작가의 피가 흐르는 게 분명하다.

남들은 모르는 사실

인터넷도 TV도 없었던 19세기, 당시 영국 요크셔 지방에서 성장했다는 것은 사실상 기술의 혜택은 전혀 받지 않고 자랐다는 의미입니다. 오락거리도 딱히 없는 이곳에서 성장한 샬럿, 에밀리, 앤 세 자매는 각자 지은 짧은 이야기를 서로 들려주는 것이 유일한 즐거움이었습니다. 세 자매는 가상의 캐릭터로 가득한 세계를 창조하여 함께 시나리오를 만들었지요. 사이좋은 자매였기에 편하게 피드백을 주고받았고 또 각자 노력한 바를 건설적으로 비판하는 일이 가능했습니다. 점점 세 자매의 스토리텔링 능력은 발전했죠.

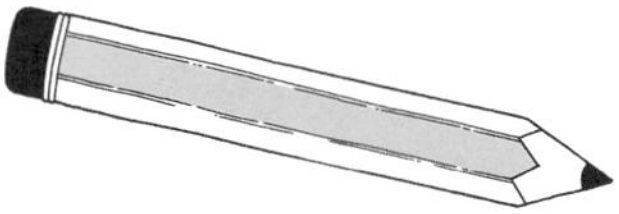

이후 세 자매는 성냥갑 크기의 조그만 책에 이야기를 적기

시작했습니다. 어른들에게 들켜 재미를 망치기 싫어서였는데, 시간이 흘러 이들이 쓴 이야기는 수백 개가 되었습니다. 수백 개의 이야기가 쌓이기까지 세 자매는 꾸준히 반복해서 상상력을 펼치며 글쓰기와 스토리텔링 기량을 연마했습니다.

이들이 자라 성인이 된 어느 날, 샬럿은 에밀리가 쓴 시집을 발견했습니다. 너무나 훌륭한 시들을 보고 영감을 받은 샬럿은 동생들을 설득해 함께 시집을 내 보자고 했지요. 다시 말하지만 이들은 아주 가까운 사이였기에 가장 유용한 방법으로 서로를 비판하고 도울 수 있었습니다. 결국 세 자매의 시집은 발간되었고 자매는 이에 용기를 얻어 글쓰기를 계속했습니다.

마침내 브론테 자매는 『제인 에어 샬럿 브론테』, 『폭풍의 언덕 에밀리 브론테』과 같은 영국 문학사에서 중대한 가치가 있는 작품을 써냈습니다. 이 소설들은 오늘날까지 널리 읽히고 사랑받는 고전이 되었죠. 그리고 브론테 자매는 문학사에 가장 유명한 자매로 역사에 기록되었습니다. 이들의 걸작은 하루아침에 탄생한 것이 아니에요. 수년간 글쓰기를 훈련하고 기량을 갈고닦았기에 가능했던 것입니다.

축구 유전자를 타고난 데이비드 베컴?

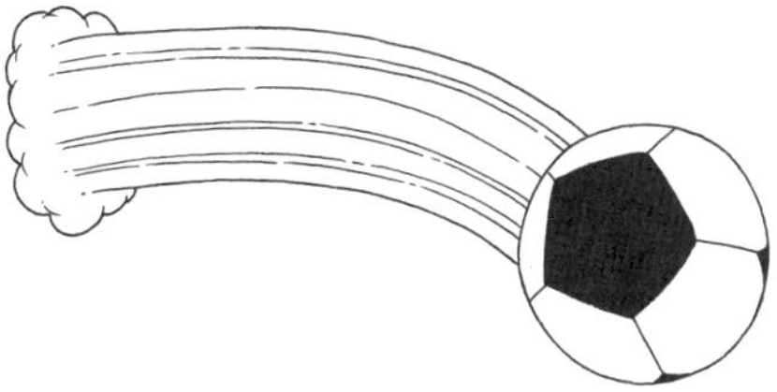

사람들의 생각

베컴은 선수 시절 통산 65개의 프리킥을 성공했다. 축구를 싫어하는 사람이라도 프리킥 65개가 어마어마한 기록이라는 것은 안다. 베컴은 프리킥을 차면서 세상에 태어났을 것 같다. 태몽이 그거였을 수도 있다. 베컴의 DNA 안에는 축구 유전자가 있는 게 분명하다.

남들은 모르는 사실

현재는 은퇴했지만, 여전히 베컴은 축구계를 대표하는 선수입니다. 베컴이 활약한 팀을 몇 개만 대자면 잉글랜드 대표팀, 맨체스터 유나이티드, 레알 마드리드 등이 있죠. 어떤 기자가 날 때부터 축구화를 신고 태어난 천재가 아니냐는 식으로 이야기하자 베컴은 웃으며 말했습니다.

“어렸을 때 내가 얼마나 열심히 훈련했는지 아무도 못 봐서 그래요. 그때 내가 축구를 잘하고 싶은 마음이 얼마나 간절했는지 본 사람이 없잖아요.”

여러분은 공을 놓치지 않고 트래핑을 몇 개나 할 수 있나요?

잘하면 네 개 정도? 그것도 공이 좀 큰 경우에나 그럴 것입니다. 베컴도 일곱 살 때는 트래핑을 세 개 정도 하면 잘하는 거였습니다. 베컴이나 여러분이나 일곱 살 땐 똑같은 수준이었던 거예요. 그러나 지금의 베컴이면 하루 종일 트래핑을 해도 공을 땅바닥에 떨어뜨리는 일은 없을 것입니다. 베컴은 무슨 비결이 있어 이토록 뛰어난 축구 실력을 갖게 된 걸까요?

아마도 그 대답을 가장 잘 알고 있는 사람은 베컴의 어머니, 샌드라 베컴 여사일 텐데요, 샌드라 여사는 부엌 창문 너머로 베컴을 지켜보던 시절을 회상하며 이렇게 말했습니다.

"얼마나 열심히 하는지 정말 놀라웠어요. 학교에서 오자마자 연습을 시작해서 아빠가 퇴근할 때까지 했어요. 아빠가 오면 아빠랑 함께 공원으로 가서 또 연습했죠. 열심히 노력하려는 의지만큼은 두말할 필요가 없는 아이였어요."

꼬마 베컴의 실력은 차츰 향상되었습니다. 반년이 지나자 트래핑을 50개 이상 할 수 있게 되었고, 또 반년 뒤에는 200개가 되었죠. 200개도 엄청난데, 베컴은 아홉 살이 되었을 무렵 더 대단한 기록을 세웠습니다. 무려 2003개의 트래핑을 15분이나 해낸 거예요. 베컴은 그때를 회상하며 마지막에는 다리가 쑤실 지경이었다고 했답니다.

실수 없이 트래핑을 몇천 개씩 하는 사람을 보면, '저 사람은 재능을 타고났구나.' 하고 짐작하기 쉽습니다. 그리고 자기는 근처도 못 따라갈 것이라는 생각도 지레 하게 되죠. 이런 생각 자체는 자연스러운 흐름입니다만, 생각만 하고 끝나지 않는 게 중요합니다. 진짜로 그 사람이 재능을 타고난 건지, 탁월한 결과를 얻어 내기까지 어떤 여정을 거쳐 왔는지 직접 확인해야 하지요. 이를 통해 당장 베컴은 될 수 없을지언정, 훗날엔 여러분도 똑같이 누군가에겐 슈퍼맨으로 보일 정도로 뛰어난 일을 해내게 될 것입니다.

어린 시절부터 한 가지 활동에 집중해야 한다는 말을 하는 게 절대 아닙니다. 여러 가지 일을 시도해 보고 두루 즐긴 후에 열정을 쏟을 일을 결정하는 편이 나은 경우도 많아요. 제 말은, 소위 신동이라는 아이들도 성공하기까지 긴 여정을 거쳤다는 뜻입니다. 신동들도 성공을 물려받지는 않았습니다. 그저 아주 어린 나이에 그 여정을 시작했고 계속해서 끈기 있게 이어 왔을 뿐이에요.

머릿속에 계산기를 장착한 수학 천재들?

사람들의 생각

사람은 '수학을 잘하는 사람'과 '못하는 사람' 둘로 나뉜다. 수학

적 두뇌를 타고난 사람은 따로 있다. 그래서 어떤 사람은 말도 안 되게 복잡한 계산을 머리로 척척 해낸다. 텔레비전이 이제 막 발명되었던 1929년, 인도에서 태어난 샤쿤탈라 데비는 13자리 수 두 개의 곱셈을 28초 만에 암산으로 해냈다(이를테면 6,984,701,679,175×8,354,123,953,651 같은 곱셈. 우리는 9×12도 쩔쩔매는데 말이다).

남들은 모르는 사실

우리는 수학을 월등히 잘하는 같은 반 친구만 봐도 분명 무슨 재능이나 소질 덕분일 거라고 생각하기 일쑤입니다. 두뇌 자체가 계산에 적합하게 태어나 아무리 노력해도 그 친구를 이길 수 없다고 생각하죠. 머릿속에 수학 요정이 살아서 정답을 던져 준다는 엉뚱한 상상이 들기도 합니다.

하지만 수학 머리는 타고나는 걸까요? 아니면 진짜 수학 요정이 주는 타고난 수학 재능 선물 세트라도 있는 걸까요? 제 생각에 그런 건 없습니다. 그러나 수학 계산을 잘하는 기술을 연마할 방법은 분명 있다고 생각합니다. 한 번 같이 해 봅시다(벌써 한숨 쉬지 마세요! 계산 연습을 할수록 수학 능력은 나아질 거라는 성장형 사고방식을 잃지 말자고요).

23×17부터 시작해 봅시다. 이 문제는 제 친구가 직장 면접에서 실제로 받은 질문입니다. 그 친구는 암산으로 정답을 맞혔는데도 면접을 통과하지 못했습니다. 친구는 도무지 이유를 알 수 없었다고 해요. 이유가 뭐였을까요? 아마, 논리적이고 효율적인 셈법을 들며 계산을 한 게 아니라 그냥 주먹구구식 계산을 억지로 쥐어짜 내 간신히 답을 찾았기 때문 아니었을까해요.

어쨌든 여러분도 암산으로 이 곱셈을 풀어 보세요. 아마 몇몇 친구는 지금쯤 문제 풀이에 돌입했을 테지만, 아닌 친구도 있을 거예요. 그렇다면 일단 저의 풀이 과정을 따라와 볼래요.

1단계

23×10=230 이것을 '소계'라고 부를게요. 잘 기억해 두세요.

2단계

20×7=140

3단계

230+140=370 새로운 소계 370을 기억해 두세요.

4단계

3×7=21 이번 건 쉽네요.

5단계

370+21=391

빙고. 비교적 간단한 다섯 단계를 따라 했더니 답이 구해졌습니다. 까다로운 부분이라곤 풀이 순서를 기억한 다음, 두 개의 소계를 외워 더하는 것뿐이죠. '어라, 좀 쉽네?' 이렇게 생각한 친구가 분명 있을 거예요. 그러니까 수학을 포기하지 말고 계속해봅시다. 구구단 몇 번만 외우고, 소계 하나씩만 기억하면 되잖아요. 이게 다냐고요? 정말 끝이냐고요? 네, 끝이에요.

아마 '인간 계산기'라는 별명이 붙은 사람들도 사실 초능력이나 수학 유전자를 따로 타고나진 않았을 것입니다. 물론 123×456의 곱셈을 하려면 몇 단계가 더 필요하고, 6,984,701,679,175×8,354,123,953,651 같은 복잡한 계산을 하려면 단계가 훨씬 더 많이 필요한 건 맞습니다. 그러나 방법은 위에서 본 것과 같아요. 여러 번 연습하면 이 단계에 따른 계산법이 숨 쉬듯 자연스럽게 나올 거예요.

"처음에 가장 똑똑했던 사람이 늘 마지막까지 가장 똑똑한 것은 아니다."

\- 캐럴 드웩 교수

• 입장 바꿔 생각해 봐 •

1826년, 프랑스의 한 과학자가 '인간 계산기' 혹은 '수학 신동'으로 알려진 어린이 두 명과 프랑스 슈퍼마켓인 봉 마르쉐의 계산대 직원 몇 명을 데리고 세 자릿수 곱셈 능력을 비교했습니다. 예를 들면 768×376 같은 수식이지요.

계산대 직원들은 봉 마르쉐 슈퍼마켓에서 14년간 일하며 매일 상품의 가격을 계산한 것을 제외하곤 따로 수학 공부를 한 적이 거의 없었습니다. 살면서 수학적 '소질'이 있다는 말을 들어 본 적은 한 번도 없었고요. 다만, 당시엔 금전 출납기는 고사하고 계산기조차 등장하기 훨씬 전이어서 직원들은 모두 암산으로 가격을 더해야 했습니다.

이 두 그룹의 계산 대결은 어떤 결과가 나왔을까요? 놀랍게도, 슈퍼마켓 계산대 직원들이 수학 신동들보다 더 빠르고 정확하게 계산을 해냈습니다. 14년간의 의도적 훈련이 이들의 수학 능력을 단련한 겁니다. 여러분, 이게 '재능'이란 녀석의 진짜 얼굴이랍니다.

아래의 단어와 문장들을 살펴봅시다. 성공한 사람들이나 집단이 공통적으로 자신들의 성취와 관련 있다고 하는 것들입니다.

믿음, 긍정적인 태도, 열린 마음, 연습, 노력, 자신감, 수천 번의 실수, 끝없이 배우는 자세, 한계에 도전하기

이제 앞으로 이 세상 사람이라고 볼 수 없을 만큼 어떤 일에 뛰어난 사람을 보면, 여러분이 그 사람의 신발을 신고 그의 입장이 되었다고 상상해 보세요. 이 뛰어난 능력을 지닌 '나'는 탁월해지기까지, 참 많은 노력을 기울였습니다. 때로는 포기하고 싶을 때도 있었지만, 한계를 극복하며 끈기 있게 연습해 왔습니다. 그리고 '나'도 남들과 똑같은 출발선에 서 있었습니다. 꿈과 그 꿈을 실현하려는 집념을 가지고 말이죠.

어떤가요? 아직도 내가 성공하기 위해선 타고난 재능이 있는지 없는지를 따지는 게 더 중요하다고 생각되나요? 만일 이 입장 바꿔 생각하기가 잘 안 된다면, 직접 그 사람에게 물어보세요. 이런 결과를 얻기까지 어떤 과정을 거쳐 왔는지요. 그리고 그 이야기를 토대로 다시 상상에 빠져 보세요. 그러면 탁월함에 이르는 길이 다른 곳이 아닌 나 자신의 그릿에 달려 있는 게 확실하게 느껴질 거예요.

우리는 지금, 탁월함에 이르기 위한 임무를 착착 진행하고 있습니다. 성장형 사고방식을 갖추었고 신경 경로는 저스틴 비버의 팬클럽보다 빨리 성장하고 있으며 효과적이고 훌륭한 연습

방법도 알고 있습니다. 온 몸과 마음에 성장형 사고방식의 그루브가 춤을 추고 있어요.

이제 남은 건 '시간'입니다. 앞으로의 시간을 연습에 투자하는 것만이 남았어요. 이 또한 여러분은 잘 해낼 수 있을 거라 믿습니다. 그렇죠?

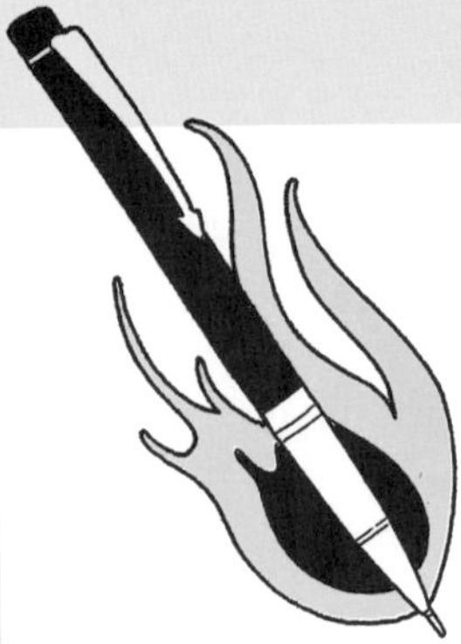

유명인의 실패담

월트 디즈니

여러분도 어릴 때 한 번쯤은 미키 마우스나 도널드 덕 인형을 가져 봤을 것입니다. 큰 귀를 지닌 까맣고 작은 생쥐 '미키 마우스'로 전 세계에서 가장 유명한 콘텐츠 제작자이자 사업가가 된 월트 디즈니. 그런 디즈니도 '상상력이 부족하고 독창적인 생각이 없다.'는 비판을 받은 적이 있었다니, 믿어지나요?

불우한 가정에서 자라며 어릴 때부터 일을 하느라 친구들과 어울려 놀지 못했던 디즈니는 혼자 그림 그리는 것을 좋아했습니다. 그렇게 만화가가 되겠다는 꿈을 지니고 매일 틈이 날 때마다 삽화를 그렸지요. 성인이 되어 디즈니는 작은 신문사에서 삽화를 그리는 일을 맡아 만화가로서 첫발을 내딛게 됩니다. 하지만 이곳에서 그는 상상력도 부족하고, 독창적이지도 않다는 비평을 듣고 끝내 해고를 당합니다. 이후 도전한 첫 사업마저 실패하고 그는 절망에 빠지고 말았습니다.

그러나 디즈니는 만화가가 되겠다는 꿈을 포기하지 않습니다. 훌훌 털고 일어나 광고 회사에 취직해 애니메이션의 세계를 접하고, 애니메이션 제작자가 되겠다는 새로운 목표를 잡습니다. 할리우드 근처에 '디즈니 브라더스'라는 스튜디오를 설립하고 애니메이션 제작에 나섭니다. 이때도 숱한 고비와 실패가 찾아오지만 디즈니는 굴하지 않고 애니메이션을 만들겠다는 꿈을 지켜 마침내 '미키 마우스'를 탄생시킵니다.

그다음의 이야기는 모두가 알다시피, 전 세계가 미키 마우스와 사랑에 빠졌고 디즈니의 장편 애니메이션은 두고두고 회자되고 있으며, 놀이공원 디즈니랜드는 아이들의 꿈과 희망의 장소가 되었습니다. 포기하지 않고 매달린 그의 그릿이 디즈니라는 글로벌 미디어 제국을 탄생시킨 것입니다!

"시작하는 방법은 이제 그만 말하고 행동하는 것이다."

-월트 디즈니

그릿 액션 4

성장형 사고방식을 부르는 주문을 외워 보자 ▶▶

성장형 사고방식은 스스로의 마음속에 자라난 부정적인 언어들을 지우는 과정이기도 합니다. 하지만 무의식중에 떠오른 고정형 사고방식의 생각을 억지로 밀어내는 건 딱히 기분 좋은 일은 아니에요. 그럴 땐 성장형 사고방식을 소환하는 마법의 주문을 외운다고 생각해 보세요. 마치 해리포터처럼요.

먼저 주문을 외우기 전 점검해야 할 세 가지를 알아보죠.

- ☐ 나는 성장형 사고방식을 가질 준비가 되어 있다.
- ☐ 실수를 실패가 아니라 배움의 기회로 삼을 수 있다고 믿는다.
- ☐ 피나는 훈련을 통해 성장하겠다는 마음가짐을 갖추고 있다.

이 세 가지 사항에 전부 체크를 했다면 준비가 된 거예요. 이제 노력해도 안 된다는 부정적인 생각을 몰아내는 성장형 사고방식의 주문을 함께 되뇌어 봅시다.

나는 열심히 연습하여 좋은 결과를 낼 수 있다.
나는 끝까지 매달려 마침내 성과를 낼 것이다.
나는 긍정적으로 생각하고 기쁘게 연습을 즐긴다.
나는 내가 정말 자랑스럽다.

이렇게 성장형 사고방식의 주문을 외워도, 포기하고 싶은 마음이 사라지지 않을 때도 있을 겁니다. 그렇다면 더 심도 있게 스스로에게 질문을 던져 보세요.

Q. 너 정말 더 이상 할 수 없는 게 확실해?
Q. 네가 진짜로 원하는 게 뭐였는지 기억나?
Q. 지금 여기서 멈추면 너 스스로에게 떳떳할 수 있어?

극한의 연습 과정에서 끝까지 해내는 힘은, 연습이 반드시 보상을 가져오리란 믿음에서 옵니다. 여러분은 반드시 할 수 있어요! 그러니 포기하지 마세요.

그릿 액션 5

성장형 사고방식 언어로 바꿔 보자 ▶▶

여러분을 괴롭히는 부정적이고 틀에 박힌 말들을 해낼 수 있다는 성장형 사고방식의 긍정적 말로 바꿔 봅시다. 평소 어떤 일에 도전하기 전에 주저하는 이유를 스스로 찾고 이 이유를 '노력으로 극복할 수 있다는 믿음'으로 깨부수는 거예요.

내 머릿속 부정적 언어들 ⇒ 긍정적 언어로 바꾸기	
예) 이 수학 문제는 너무 어려워. 포기할래!	이 문제는 어렵지만 나는 풀고 말거야. 어렵다는 걸 느끼는 것도 내가 배우고 있다는 증거야.
아, 피곤해. 운동은 하지 않을래.	피곤해도 운동을 하고 나면 기분이 좋아져.
나는 야구에 재능이 없어, 오늘 경기에서도 공을 못 쳤잖아.	연습만 한다면 다음번에는 더 잘 할거라 장담해.
나는 어려운 도전은 하고 싶지 않아. 유능해 보여야 하니까.	우수한 사람들에게 둘러싸여서 그들에게 배우고 싶어.

"챔피언은 승리가 아니라
넘어질 때 어떻게 일어서느냐로 결정된다."

- 테니스 천재이자 스포츠의 전설, 세리나 윌리엄스

6장

작은 발걸음, 위대한 도약

14

유일무이함을 가져오는 작은 차이

2016년 리우데자네이루 올림픽에서 일생일대의 경기가 펼쳐졌습니다. 여자 하키 종목의 결승전, 영국과 네덜란드 대표팀은 팽팽한 접전 끝에 무승부로 본경기를 끝내고 마침내 승부차기에 돌입한 것입니다.

승부차기의 순간은 모두의 손에 땀을 쥐게 할 만큼 긴장감이 감돌았습니다. 양국의 선수들은 경기 내내 이미 대단한 기량을 펼쳐 보였지만 금메달을 목에 걸고 고국으로 돌아가기 위해서는 몇 분 더 역량을 최대로 끌어내야 했습니다.

자국 선수들의 슛을 기다리는 영국 관중은 숨을 죽이고 지켜보았습니다. 영국의 키커 선수들은 침착하게 앞으로 나섰습니다. 그리고 한 골, 한 골을 성공시켰고 마침내, 헬렌 리처드슨 월시와 홀리 웹이 결정 골을 성공시키며 승리를 따냈습니다! 챔피언의 역사에 영국 하키 대표팀의 이름을 새겨 넣은 것입니다. 영국 여자 하키팀은 열광의 도가니에 빠졌습니다. 선수들은 온 힘을 다했고 그 노력이 결실을 맺었습니다.

하지만 이 승리가 늘 당연했던 것은 아닙니다. 시간을 돌려 2004년 아테네 올림픽으로 돌아가 볼까요? 당시 영국 여자 하키팀은 올릭핌 출전 자격조차 얻지 못했습니다. 그다음 베이징 올림픽에서는 6위에 그쳤지요. 올림픽 금메달까지 하키팀은 갈 길이 멀어 보이기만 했습니다.

사람들은 고정형 사고방식으로 영국 여자 하키팀의 능력을 평가했습니다. '우리나라는 하키 종목에 안 맞아. 다른 나라가 또 금메달을 딸 거야.'라고들 했지요. 2012년 런던 올림픽에서는 다행히 상황이 나아져 동메달을 거머쥐었습니다. 그러나 곧 재앙이 닥쳤습니다. 감독이 은퇴하면서 팀이 구심점을 잃은 것입니다. 2014년 월드컵에서는 11위에 그쳤습니다. 엄청난 좌절이었어요. 게다가 리우 올림픽까지는 고작 2년밖에 남지 않은 상황이었습니다. 메달 획득은 고사하고 팀의 사기를 되찾는 것만도 큰 과제였지요. 금메달은 요원한 꿈이었습니다.

하키 대표팀은 뭐라도 해야만 했습니다. 그래서 그들은 특별한 훈련 계획을 세웠습니다. 그건 이미 영국 럭비팀과 사이클팀이 실행해 성공을 거둔 방법인, '한계 이득 실천법'입니다.

• 한계 이득 실천법이란? •

"한계 뭐요?" 여기저기서 묻는 소리가 들리는군요. 한계 이득이란, 커다란 목표를 작은 부분들로 나누어 각 부분을 개선한 다음, 다시 전체를 합하면 총 기량이 크게 향상되는 것을 말합니다. 굉장히 복잡하게 들리지만 실은 아주 단순하고도 멋진 아이디어예요.

여자 하키팀은 이 방법을 실행했습니다. 리우 올림픽에서 좋은 성적을 거두기 위해 필요한 모든 요소를 잘게 나누어, 하나하나 검토했지요. 아주 세세하고 면밀히 살폈어요. 하키팀이 어떤 훈련을 했는지 몇 가지를 살펴봅시다.

신체 단련

영국 여자 하키팀은 전에 해 보지 않았던 새로운 신체 단련 계획을 세웠습니다. 팀원들은 모두 훈련 시작 10분 전까지 연습장에 도착하기로 합니다. 하루도 빠짐없이요. 그전까지 선수들은 훈련 시작 시간에 딱 맞춰서 나타나(몇 명은 늦기도 하고요), 훈련 초반 10분 정도는 준비 운동을 하며 그냥 흘려보냈습니다. 헤드폰을 벗고 가방을 치우고 병에 물을 채우고… 상상이 가죠?

하지만 생각해 보면 하루에 10분씩을 그냥 흘려보내는 건, 곧

일주일에 5일, 일 년에 50주를 그냥 정신없이 흘려보내는 것과 같아요. 그렇게 잃어버린 훈련 시간을 다 합하면 일 년에 42시간입니다. 무려 42시간이요!

하키팀은 이렇게 허비한 시간을 다시금 모으기로 했어요. 훈련 시작 전에 미리 와서 100%의 준비된 몸 상태를 만들고 정해진 훈련 시간에 무조건 연습을 시작하기로 했지요. 그 결과, 연간 42시간의 추가 훈련 시간이 생겼습니다. 한계 이득이 발생한 것이죠.

태도

올림픽에서 메달을 따려면 경기 당일 컨디션이 좋아야 합니다. 만반의 준비를 갖추고 최상의 컨디션을 유지하고 있어야 하죠. 어려움에 당당히 맞설 태세를 갖추고 긍정적 에너지가 넘쳐야 합니다. 불쾌한 기분은 전혀 도움이 안 됩니다. 따라서 신경을 거스를 만한 어떠한 일도 피해야 합니다.

이를테면, 버스를 타고 경기장으로 가는 길에 옆자리에 앉은 동료가 시끄럽게 음악을 듣는 일 같은 겁니다. 마음을 가라앉히고 고요하게 경기장까지 가고 싶은데, 옆에서 헤비메탈을 듣는다면 얼마나 짜증이 날까요? 또 동료가 탈의실에 장비를 마구 어질러 놓아 세상 정신없는 환경을 만들어 놓으면 어떨까요? 그 가운데서 옷을 갈아입다간 넘어지고 말겠지요.

그래서 하키팀은 싹 다 바꾸었습니다. 버스에서 조용히 가길 원하는 선수들은 그들끼리 같이 앉기로 했습니다. 또 음악을 들어야 컨디션 유지에 도움이 되는 선수들도 자기들끼리도 모여 앉았죠. 탈의실에서는 차분하게 정돈된 상태에서 옷을 갈아입길 원하는 선수들과 다 늘어놓고 갈아입는 선수들을 나누어, 구역을 갈라 사용했습니다.

이런 일들은 사실 작은 변화입니다. 하지만 작은 변화가 일상이 되자, 선수들은 경기를 앞두고 모두 최상의 컨디션을 유지할 수 있었습니다. 여전히 경기에 임하는 건 긴장되는 일이었지만, 전보다 정신을 집중하기에 한결 좋았고 거슬리는 부분이 없어 쓸데없는 감정 소모를 하지 않을 수 있었지요.

훈련

우리는 훈련이라고 다 같은 훈련이 아니라는 사실을 이미 알고 있습니다. 영국 여자 하키팀은 압박이 심한 상황에서도 정확한 판단을 내리기 위해 '생각하는 목요일'이라는 극도로 힘겨운 훈련을 시작했습니다.

그리고 하키팀은 훈련을 할 때 최대한 실전과 유사한 상황을 만드는 데에도 만전을 기했습니다. 경기를 치를 리우데자네이

금메달

루의 8월 날씨를 고려해 그에 맞추어 연습을 했죠. 심지어 훈련장에 리우의 하키장과 똑같은 구조의 경기장을 설치해서 실제 환경에 익숙해지도록 했습니다. 결승전이 펼쳐질 곳과 다른 환경에서 연습을 해 봐야 무슨 소용이 있겠어요? 실전에 가서 처음 겪는 환경에 낯설어하다 기량을 발휘하지 못할 게 뻔한데 말이에요. 게다가 경기 전부터 실제 경기장을 손바닥 보듯 꿰고 있다면 승부에서 더 유리한 건 두말할 필요가 없어요.

물론 이런 훈련을 하면 꼭 올림픽 메달을 딴다고 단언할 수는 없습니다. 하지만 작은 한계 이득을 하나씩 모으고 모으다 보면 커다란 이득을 얻게 되는 것만은 분명해요.

투지로 똘똘 뭉쳐 한계 이득 실천법을 실행한 하키팀은 전력을 다해 만들어 낸 각자의 한계 이득을 한데 모아 어마어마한 기량을 발휘했습니다. 그리고 마침내 올림픽 메달이라는 커다란 이득을 얻게 되었습니다!

15

잘게 쪼개고 완벽을 더해 큰 꿈을 이루다

한계 이득은 차이를 만들어 낼 수 있는 작은 부분을 찾아 향상시키는 것이 전부입니다. 우리 모두 할 수 있어요. 꼭 스포츠에 국한하여 쓸 수 있는 것도 아니에요. 이미 여러 분야에서 한계 이득을 활용하고 있습니다.

기업도 효율과 수익을 높이기 위해 한계 이득을 이용합니다. 작은 부분에서 허비되는 비용을 줄여 더 좋은 곳에 투자하지요. 군대에서도 한계 이득이 전술 수행력을 높이는 훌륭한 방안이라고 여깁니다. 그러니까 탁월함에 이르는 여정을 떠난 우리가 안 쓸 이유가 없겠죠?

• 한계 이득 실천법 계획하기 •

큰 과제를 맞닥뜨릴 때마다 번번이, 어쩔 줄 모르고 압도되는 것은 자연스러운 일입니다. 학교에서 중요한 시험을 앞두고 있을 때를 기억해 보세요. 시험을 잘 보려면 공부를 해야 하는데 눈앞에 쌓인 것들을 보면 어디서부터 손을 대야 할지 막막해집니다.

이런 경우 최고의 조언은 학습 계획을 세우라는 것입니다. 이 말은 공부할 수 있는 시간 내에 모든 내용을 문제없이 마칠 수 있는 자기만의 시간표를 만들라는 뜻입니다. 물론 여러분이 무엇을 잘하는지, 어디에 노력이 필요한지에 따라 계획의 모양은 달라지겠죠. 다만, 계획을 세우면 각각의 과제를 차례대로 훨씬 쉽게 끝낼 수 있어요. 그리고 기량을 펼칠 순간이 오면 모든 준비가 되어 있단 걸 스스로 알게 될 것입니다.

공부해야 할 분량을 달성할 수 있는 작은 덩어리로 쪼개는 것이 학습 계획의 핵심입니다. 한계 이득과 비슷한 접근 방법이지요. 간단하게 몇 단계로 나누어 보면 이렇습니다.

- **1단계** 힘든 과제가 생긴다.
- **2단계** 과제를 작은 부분들로 나눈다.

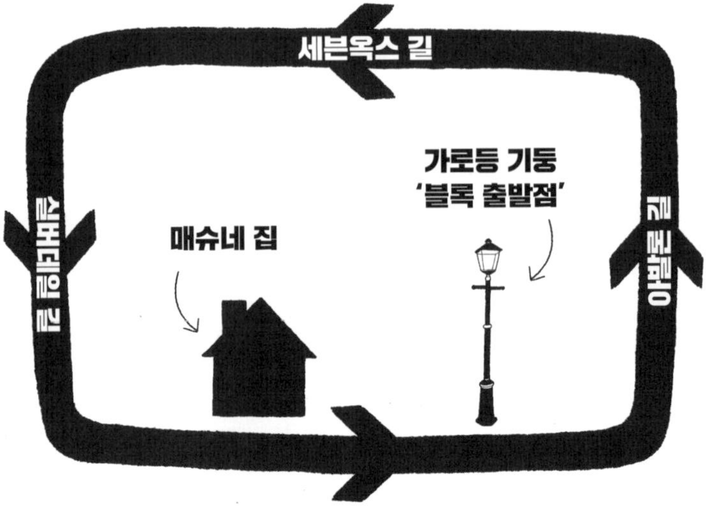

- **3단계** 각각의 부분을 평가해 보고 부분마다 개선할 수 있는 구체적인 방안을 마련한다.
- **4단계** 작은 부분을 모두 합하면 엄청난 기량을 얻게 된다.

• 매슈표 한계 이득 실천법_블록 게임 •

이쯤에서 매슈표 한계 이득 실천법을 보여 드려야겠군요. 제가 아직 블록 게임에 대해서는 이야기한 적이 없죠? 이렇게 대단한 일을 이제야 이야기하다니 스스로도 믿을 수가 없네요.

한창 차고에 처박혀 탁구를 연습하던 시절, 형과 저는 '블록'이란 게임에 집착했습니다. 여기서 블록 게임이란, 제가 살던 집 근처에 있는 세 도로의 주변 보도를 돌아오는 익스트림 경주 코스를 말합니다. 850미터짜리의 강도 높은 중거리 코스였죠.

우리 집에 오는 사람은 모두 블록 게임에 참여했어요. 블록 게임은 경쟁 그 이상의 경쟁이었죠. 형과 저는 블록 게임을 할 때마다 모든 사람의 기록을 공책에 적어 두었습니다. 전 아직도 그 공책을 갖고 있습니다. 우리 엄마도 한 번 시도하셨고(사실 뛰는 게 아니라 걷는 것에 가까웠지만요) 아빠도 했는데 중간쯤 가다 길을 잃으셔서 탈락했습니다. 그러기도 쉽지 않은데 말이죠. 동네 목사님도 참여한 적이 있습니다. 동네 사람 모두가 블록 게임을 해 봤다고 해도 과언이 아닐 정도로 대단한 열풍이었습니다. 하지만 가장 즐거웠던 블록 게임은 저와 형, 또 학교 친구들끼리 경쟁했을 때였습니다.

형은 3분대의 장벽을 무너뜨렸을 때 올림픽 금메달이라도 딴 것처럼 기뻐했습니다. 형과 저는 곧장 마크네 집으로 가서 그 소식을 알렸지요. 그전까지는 마크가 3분 1초로, 최고 기록을 보유하고 있었거든요. 적어도 우리 형제에게 그날은 역사적인 날이었습니다.

하지만 여기서 끝이 아니었습니다. 형한테 지다니, 제가 가만히 있을 수가 있나요. 형을 블록 게임의 일인자로 남겨 둘 순 없었습니다. 형의 이름이 찬란히 빛나는 기록 공책에 제 이름을 가장 꼭대기에 넣어야만 직성이 풀렸지요.

그러려면 전략이 필요했습니다. 그래서 전 이 상황에 한계 이득 실천법을 적용했습니다. 달리기와 달리기에 관련된 모든 것을 살펴본 뒤, 그것들을 최대한 많은 요소로 잘게 나누었습니다. 다음 목록이 제가 작성한 요소들입니다(사실은 그때 쓴 것과 대충 비슷한 거예요. 형이 제 비밀을 훔쳐 갈까 봐 실제 목록은 없애 버린 지 오래거든요).

매슈표 한계 이득 진단

목표

블록을 3분 내로 주파함과 동시에 형을 이기는 이중의 목표를 달성한다.

운동 일정

평일 낮에는 학교에 다니느라 바쁘고 저녁에는 탁구 연습을 한다. 수요일에는 수영을 하고 일요일에는 아빠와 함께 달리기를 한다.

수면 패턴

나는 침대에서 책 읽는 것을 무척 좋아한다. 그 말은 늦게까지 깨어 있는 경우가 많다는 뜻이다. 금요일에는 친구 집에서 파자마 파티를 할 때도 있다.

식습관

대체로 건강하게 먹으려고 노력하지만 학교에 늦은 때에는 아침을 건너뛰는 일이 잦다.

달리기 복장

운동화는 아주 새것이다. 그러나 티셔츠가 겨울용 긴팔밖에 없어서 너무 더울 때가 있다.

달리기 전 준비 운동

나는 몸이 제법 탄탄하다. 몸 풀기 스트레칭은 충분하지 않을 수도 있다.

이전의 달리기 패턴

출발할 때 지나치게 빨리 뛰다가 레이스를 망친 경우가 자주 있었다. 적절한 페이스를 유지하면 막판 질주가 강력해질 것이다.

모든 요소를 눈앞에 펼쳐 놓으니 각각의 요소를 하나씩 차례차례 살펴볼 수 있었습니다. 형을 이기겠다는 목표를 달성하기 위해 도움이 되는 일이 무엇인지 보다 쉽게 파악하게 되었죠. 전 형을 이기려면 어떤 변화가 필요한지도 적었습니다. 효과가 있었던 것은 꼭 형광펜으로 표시했고요.

운동 일정

일요일 달리기를 보다 천천히 오래 하기로 한다. 체력을 키우는 데 도움이 될 것이다.

수면 패턴

달리기하기 전 금요일에는 일찍 잠자리에 들고 파자마 파티는 토요일 밤에 한다.

식습관

아침 식사를 거르지 않는다! 아침 식사는 중요한 끼니다.

운동 복장

반팔 운동용 티셔츠를 사기 위해 저축을 시작한다.

달리기 전 준비 운동

변화 없음. 하던 대로 유지한다.

이전의 달리기 패턴

초반에 일정한 속도로 달리며 페이스를 유지해, 막판 스퍼트에서 굉장한 스피드를 낸다.

상황은 순조롭게 진행되었습니다. 몇 주가 지나자 저의 계획은 썩 성공을 거둔 듯했습니다. 기록이 조금씩 나아졌거든요.

기간	기록
1주	3분 25초
2주	3분 27초
3주	3분 21초
4주	3분 15초
5주	3분 12초

성과와 관계있는 모든 것을 일일이 적고 조정하자 기록이 향상되었습니다. 별것 아닌 것처럼 보이는 작은 일들이 합을 이루니 더 큰 힘을 낸 것입니다. 더욱 놀라운 일은, 블록 게임이 한층 더 재미있어졌다는 것이었습니다.

형도 제 전략을 지켜보더니 자신만의 계획을 세웠습니다. 이렇게 형과 저는 서로를 채찍질하며 함께 실력을 키웠습니다. 우리는 함께 달릴 때마다 둘 중 하나가 꾀라도 부릴라치면 다른 한 명이 벼락같은 잔소리를 해 주었지요. 한번은 한밤중에 블록 게임을 하겠다고 뛰쳐나간 적도 있답니다(물론 어두울 때 나가는 건 위험한 일이니 함부로 따라 하면 안 됩니다).

마침내 저는 형의 전유물인 줄 알았던 3분대의 기록을 깼습니다. 이후에도 한계 이득 실천법을 통해 계획을 세운 대로 연습을 이어 갔고 기록은 더욱 빨라졌습니다.

기간	기록
6주	3분 02초
7주	2분 55초
8주	2분 49초

형도 기록을 계속 단축했습니다. 그땐 부끄러워서 말하지 못했는데, 전 사실 형이 정말 자랑스러웠습니다. 그렇게 승자가 되기 위해 싸움을 계속하며 우리는 발전했습니다.

저는 블록 기록 공책을 아직도 가지고 있습니다. 부모님이 계시는 고향 집에 여전히 보관되어 있지요. 경쟁의 문은 여전히 열려 있습니다. 언젠가 여러분이 레딩에 와서 블록 게임을 한 판 해 보고 싶다면 꼭 도전해 보세요.

• 매슈표 한계 이득 실천법_시험 성적 •

자, 이제 저의 찬란했던 블록 게임 이야기는 끝내고 여러분의 문제로 시선을 돌려 봅시다. 청소년 여러분에겐 역시 시험이 가장 큰 고민거리일 겁니다. 공부 계획을 아무리 잘 세우더라도 좋은 결과를 가져오는 덴 번번이 실패했을 거예요. 그럴 땐 한계 이득 실천법을 적용해 보세요. 한계 이득이 대단한 것은 어떤 일을 준비하든 도움이 된다는 데 있으니까요.

시험 기간은 다가오고 해야 할 공부는 산더미처럼 많은데, 이걸 어떻게 다 공부할지 생각하면 덜컥 겁부터 날 겁니다. 이럴 때 한계 이득 방식이 불안감을 줄여 줍니다. 공부 과정에 포함된 모든 내용을 살펴보고 그것들을 작은 요소로 나눈 다음, 각각에 맞추어 보완점과 계획을 짜세요. 그리고 자신감을 가지고 실천하면 종국엔 훌쩍 높아진 성적을 보게 될 거예요.

그럼 열두 살 시절의 매슈가 블록 기록을 향상하는 데 사용한 한계 이득 방법을 좋은 성적을 받는 데에는 어떻게 적용할지, 예를 들어 줄게요.

목표

작년보다 시험 성적을 올린다.

시험공부 계획

주어진 시간에 맞추어 과목을 분배해야 한다. 계획을 철저히 따르고 규칙적으로 휴식을 취하면 지나치게 불안해하거나 지치지 않고도 모든 분량을 마칠 수 있다.

책상

내 책상은 다리가 기우뚱하다. 공부할 때마다 흔들려서 내가 쓴 글씨도 알아보기가 어렵다. 책을 괴어 놓든 해서 고쳐야 한다.

전등

책상 스탠드의 전구를 갈아서 찡그리지 않고도 책을 볼 수 있도록 한다.

운동

쉬는 시간 가운데 적어도 한 번은 달리기를 한다. 운동은 시험 스트레스를 날려 버리는 데 매우 좋은 방법이다.

연필과 펜

지난 모의고사에서 뭉뚝한 연필을 깎느라, 또 펜이 다 닳아서 다른 펜을 빌리느라 시험 초반 몇 분을 허무하게 날린 적이 있다. 제대로 준비되었는지 필통을 확인하여 황금 같은 시간을 되찾는다.

기출 문제

지난 몇 년간 출제된 시험 문제들을 풀어 본다. 그러면 출제자들이 기대하는 바를 파악할 수 있고 문제가 어떤 식으로 서술되는지 감을 익힐 수 있다. 실제 시험을 볼 때 익숙하게 느껴질 것이다.

집에서 치르는 모의시험

아마 이것이 모든 일 가운데 가장 중요할 것이다. 시험 때와 같은 조건으로 방에서 문제를 푼다. 타이머를 맞추고 시간 제약이 있는 상태에서 문제를 푸는 데 익숙해진다. 그러면 실제 시험이 당황스럽게 느껴지지 않는다. 선생님께 채점을 부탁한다. 발전을 원한다면 피드백은 필수다.

샤워 젤

엄마에게 쓰고 나면 온몸이 근질거리는 샤워 젤은 사지 말아 달라고 한다. 중요한 날 시험에 집중해야지 개미집 위에 앉은 것처럼 가려움에 몸을 배배 꼬고 싶지는 않다.

한계 이득을 어디에, 어느 정도 적용할지는 여러분의 몫입니다. 중요한 것은 똑똑하고 실용적이게, 긍정적인 마음가짐을 가지고 접근하는 것이죠. 그리고 다음과 같이 언제든 변화할 준비를 해야 합니다.

한계 이득법을 실천하고 싶다면 아래 내용을 염두에 두고 시작하세요.

- 진행 상황은 그때그때 확인한다. 시험 삼아 해 본다는 마음으로 가볍게 도전해도 좋다. 또한 계획이 잘 이루어지지 않는다고 생각되면 언제든 수정해도 괜찮다.
- 어떤 실수에서도 배울 점을 찾는다. 실패는 발전의 비결이다. 잘 실천되지 않는 부분은 이유를 찾고 고쳐 나가면 된다.
- 연습하고, 연습하고, 또 연습하라. 열심히 노력하면 마땅한 대가가 분명히 온다.
- 인내심을 갖자. 침착하게 집중하자. 내 안에는 쉽게 포기하지 않는 그릿이 빛나고 있다.

유명인의 실패담

마윈

세계 최대 규모의 온라인 쇼핑몰이자 뉴욕 증시에도 상장된 알리바바닷컴. 이 기업을 만든 마윈은 이제 세계에서 모르는 사람이 없을 정도로 유명해졌습니다. 이런 큰 기업을 일으킨 사람이라면 실패 한 번 없이 사업을 일구어 왔으리라는 생각이 들죠? 그러나 마윈의 인생에는 생각보다 많은 실패가 있었습니다.

대학 입시에 실패한 마윈은 곧바로 취업을 합니다. 작은 키 때문에 여러 곳에서 퇴짜를 맞고 전전하던 마윈은 다시금 대학 입시에 도전하지만 수학 때문에 또 떨어집니다. 그래도 마윈은 포기하지 않고 삼수를 결정하고 공부해 운 좋게 항저우사범대학에 들어갔지요. 대학을 나오고 나서는 영어강사로 활동하다 창업을 위해 강사직을 관둡니다.

자, 그럼 창업 후 마윈은 바로 승승장구를 했을까요? 아니요.

창업 후부터는 더 많은 실패를 겪어야 했습니다. 마윈은 중국 최초의 인터넷 기업을 세웠지만 자금을 내세운 외국 기업들과 경쟁이 안 돼 결국 합병된 후 사퇴했고, 정부부서와 연계된 온라인 상거래 회사를 관리하다 정부의 간섭에 그만두고 말았습니다.

돈으로만 따지면 이 두 번의 실패는 마윈에게 엄청난 손해였습니다. 그러나 마윈은 이를 통해 온라인 상거래의 원리와 문제점 등을 파악할 수 있었지요. 그 덕분에 알리바바를 세운 후 고객을 위한 경영으로 결국 성공에 이르게 됩니다.

마윈의 인생은 온통 '도전과 실패 그리고 또다시 도전'이 가득했습니다. 도전하지 않으면 실패도 없다는 생각에 주저하는 사람들에게, 도전하지 않으면 아무것도 없다는 것을 마윈의 이야기가 알려 줍니다.

"어떤 큰 나무라도 자양분이 있기 마련이다. 가장 큰 자양분은 이 시대 무수히 많은 사람들의 실패에서 나온다."

-마윈

그릿 액션 6

▶▶ 나의 한계 이득 실천법 계획하기

여러분이 정말로 잘하고 싶은 일에 한계 이득을 적용할 방법을 생각해 봅시다. 잘 해내고 싶은 일이 스케이트보드 타기, 플루트 연주처럼 실행을 필요로 하는 것이어도 괜찮고, 시험, 시 쓰기, 그림 그리기처럼 결과물을 내는 것이어도 괜찮습니다.

우선은 도전할 목표를 작은 부분으로 나눈 다음 각각에서 개선할 부분을 찾아보세요. 그리고 진단을 통해 나온 문제점을 어떻게 보완할지 바로 옆에 구체적 방법을 작성하세요. 어렵다면 본문에서 제가 밝힌 '매슈표 한계 이득 실천법'을 참고해도 좋습니다.

한계 이득 진단하기		
목표 (잘하고 싶은 일)	예) 제과제빵 자격증 취득	
목표와 관련된 작은 부분들↓	**현재 상태 진단** ⇒	**한계 이득 계획**
예) 연습 공간	장소는 넓으나 도구 중 없는 게 있어 연습 시간이 길어질 때가 있다.	필요한 도구를 생각해 본 후 용돈에 무리되지 않는 선에서 구매한다.

"시작하는 방법은
이제 그만 말하고 행동하는 것이다."

- 미키 마우스를 탄생시킨 미국의 사업가, 월트 디즈니

7장

압박감이 나를 덮칠 때

16

모든 걸 망치는 숨 막힘의 공포

2000년 시드니 올림픽에 출전했을 당시, 저에겐 크나큰 재앙이 닥쳤습니다. 전혀 예상치 못한 일이 벌어졌지요. 저는 첫 경기를 앞두고 커튼 뒤에서 제 이름이 불리기를 기다리고 있었습니다. 상대는 독일의 페터 프란츠 선수였어요. 프란츠 선수 역시 저처럼 야망이 크고 이기려는 열망이 가득했지만, 저는 프란츠 선수의 경기 방식을 수없이 연구했기 때문에 이길 수 있다는 자신감이 있었습니다.

올림픽을 위한 저의 준비는 완벽했습니다. 훈련 캠프에서 비지땀을 쏟았고 심리학자와 영양사 같은 전문가 집단의 자문도 받아 철저히 준비했습니다. 감독님도 제가 메달을 따 내리라 확신했지요. 꿈은 손만 뻗으면 잡을 수 있을 것처럼 가까워 보였어요. 저는 제 분야인 탁구에서 최고라고 스스로 자부할 수 있었습니다.

드디어 '매슈 사이드'라는 제 이름이 불리고, 저는 커튼 사이를 지나 조명이 환하게 비추는 경기장에 들어섰습니다. 밝은 조명, 넓은 경기장, 그곳을 가득 메운 관중이 한눈에 들어왔어요. 그리고 그 순간… 모든 것이 망가지고 말았습니다.

경기의 문은 적수인 프란츠 선수가 열었습니다. 프란츠 선수의 서브는 특별할 것이 없었어요. 평소의 저라면 그 정도는 능숙하게 리시브할 수 있었죠. 그럼에도 저는 쩔쩔맸습니다. 빛의 속도로 반응하도록 훈련해 온 저의 반사 신경이 달팽이처럼 꾸물거렸습니다. 전 프란츠 선수가 어떻게 그렇게 가뿐히 점수를 따냈는지 이해가 안 되었습니다.

정신을 차릴 새도 없이 상황은 점점 더 나빠졌습니다. 승리를 그토록 간절히 바랐는데도 어찌 된 일인지 '특별한 매슈'는 저를 저버렸습니다. 꼭 평범한 매슈가 된 기분이었습니다. 국제 무대는 말할 것도 없고, 차고 탁구 데뷔전도 포기한 평범한 매슈 말입니다. 경기장을 꽉 메운 관중 앞에서 저는 결국 굴욕적인 패배를 당하고 말았습니다. 나중에 감독님은 제게 일어난 일을 한마디로 말해 주었습니다.

"다 초킹 때문이야."

17

초킹을 극복할 수 있을까?

초킹choking은 '목이 멘', '숨이 막힐 듯한'이라는 뜻의 단어입니다. 그런데 이 책에서 제가 말하고자 하는 초킹은 엄마 몰래 허겁지겁 과자를 먹다가 목이 컥컥 막히는 그런 초킹은 아니에요. 제가 경기장에서 경험했던 초킹은, 아주 중요한 순간에 갑자기 기량이 맥없이 무너져 내리고 평소의 자신이라면 하지 않을 실수를 연발하는 극한의 긴장 현상을 가리킵니다.

어떤 일을 시도할 때, 중요한 순간을 앞두었을 때, 도전 앞에서 있는 모든 순간 숨이 턱 막혀 정상적인 생각과 행동이 불가능한 것이죠. 또 실제로 숨이 막히지는 않을지 몰라도, 겪게 되면 누구든 몹시 불쾌한 감정에 휩싸이게 됩니다.

일단 주목해야 할 점은 우리가 압박감에 짓눌릴 때 긴장하는 건 매우 자연스러운 일이라는 것입니다. 경기장에서 맞닥뜨린

라이벌 선수, 빽빽한 문제로 가득한 시험지, 수많은 사람 앞에서 해야 하는 발표에 이르기까지, 위협과 긴장에 직면하면 우리의 뇌는 아드레날린이라는 호르몬을 분비합니다.

아드레날린이 분비되면 심장 박동이 빨라지고 호흡이 가빠지지요. 즉, 숨이 막히는 듯한 중압감은 우리 몸이 위협에 맞서기 위해 행하는 방어입니다. 그리고 위협에 대처해 맞서 싸울지, 도망갈지, 그 자리에 그냥 얼어붙을지를 선택하도록 유도하지요. 우리는 이것을 순서대로 '투쟁, 도피, 동결 반응'이라고 부릅니다.

인간은 위협으로부터 살아남기 위해 이러한 경계 태세가 몸에 설계되어 있어요. 그런데 문제는 이 같은 자연적 현상이 심각

한 초킹을 유발할 수도 있다는 점입니다. '아니, 큰 도전과 위협 앞에서 긴장하는 게 당연하다면 초킹은 피할 수 없는 거 아닌가요?' 이렇게 생각한 친구가 분명 있을 거예요. 하지만 자연적 현상인 초킹을 아예 피할 순 없지만 재빨리 극복해 낼 수는 있습니다. 어떻게요?

긴장은 당연한 것임을 인정하기

스트레스를 받는 상황에서는 누구에게나 초킹이 일어날 수 있습니다. 시험, 프로포즈, 사람들 앞에 서야 하는 상황, 모두가 그렇습니다. 초킹이 일어나면 걷기처럼 평소에는 아무 생각 없이 하던 일들이 갑자기 안 되기도 합니다. 자기 발에 걸려서 철퍼덕 넘어져 버리지요. 그래도 걱정할 것 없어요. 이건 지극히 정상적인 일이고, 거의 모든 사람이 살면서 반드시 겪는 일이니까요. 이런 반응이 지극히 정상적이라는 점을 인정하고 안심하는 게 중요해요. 모두 다 겪는 일이니까 괜찮다고 스스로에게 말한 뒤, 잠시 가볍게 걸어 다니며 팔을 흔들어 보세요. 아드레날린을 불안감에 쏟기 전에 태워 버리는 방법입니다.

하나에만 집중하기

우리 몸이 경계 태세에 돌입하면 뇌는 쉽게 공포감을 촉발합니다. 달갑지 않은 일입니다만, 냉정하고 차분한 상태에서 순식간에 불안 상태가 되어 버리죠. 불안은 공중에 날아다니는 초파리도 거대해 보이는 이상 증상을 불러옵니다. 온갖 것에 나 신경을 쓰게 만들죠. 그럴 땐 호흡에만 집중해 봅시다. 내가 숨을 쉬는 일련의 과정에만 집중하는 호흡법은 불안 상태를 헤쳐 나가는 데 도움이 됩니다.

천천히 집중해서 숨을 깊이 들이쉬었다 내쉬세요. 효과적인 호흡법인 5-7-9 호흡법을 시도하는 것도 좋습니다. 5초간 숨을 들이쉰 다음 7초간 꾹 참습니다. 그 뒤 9초 동안 숨을 천천히 내뱉습니다. 같은 방법을 여러 차례 반복하세요. 그러면 여러분을 괴롭히는 갖가지 자극들에서 멀어질 수 있을 거예요.

지나치게 깊이 생각하지 않기

여러분이 승부차기에서 페널티 킥을 막기 위해 서 있는 최고의 골키퍼라고 생각해 봅시다. 경기장의 관중은 물론이고 TV 중계를 통해 전 세계 축구 팬이 여러분이 골을 막아 낼지 집중하고 지켜보고 있습니다. 숨이 턱 막히고 중압감이 밀려들게 뻔하지요. 못 막으면 패배할 것이고 패배의 원흉인 자신에게 비난이 쏟아질 것 같으니까요.

하지만 압박이 너무 심해지기 전에 "이건 그냥 다른 경기들과 마찬가지일 뿐이야. 단지, 경기 하나일 뿐이라고." 하며 스스로를 다독인다면 어떨까요? 매우 중요한 경기가 연습 경기처럼 느껴지고, 평소 하던 대로 실력을 발휘할 수 있는 상태가 되겠죠. 사실 큰 스타디움에 있건 친구들과 동네 공원에 있건, 축구 규칙은 똑같습니다. 다를 게 없어요. 압박감을 무시하고 공원에서 친구들과 하듯 경기를 즐긴다면, 굳이 의식하지 않아도 자연스럽게 완벽한 펀칭 동작을 해낼 겁니다.

실패해도 괜찮다고 생각하기

이번엔 남몰래 짝사랑하는 아이에게 말을 거는 상황을 상상해 볼까요? 여러분은 고민하고 고민한 끝에 처음으로 짝사랑하는 아이 앞으로 다가갑니다. 이 한 걸음 한 걸음은 웬일인지 세상에서 제일 중요한 일처럼 느껴집니다. 지금껏 이 순간

을 상상해 왔고 기다렸기 때문이지요. 그런데 조금씩 불안한 생각이 스며듭니다. '만일 말을 걸었는데 거절하면 어떡하지? 그랬다간 모두 날 비웃을 것이고 앞으로 학교는 다닐 수가 없어. 내 인생은 이제 끝이 나겠지.' 실패에 대한 불안감에 비극적 결말을 상상하게 되어 가슴이 쿵쾅거리고 얼굴이 빨개집니다. 그리고 결국 첫마디를 건네는데 "아, 안녕…." 말을 더듬고 말았겠지요.

이처럼 어떤 일을 시도할 때 지나치게 긴장한 나머지 결과에 상관없이 삶은 계속된다는 사실을 잊어버리기도 합니다. 그런데 생각해 보면 그건 단지 하나의 도전일 뿐입니다. 희망한 대로 잘 되지 않더라도 긴긴 인생에서 보면 배울 수 있는 기회이지 세상이 망할 중차대한 일이 아니에요. 실패해도 지구는 돌고, 실패를 통해 여러분은 더욱 발전할 거라는 것만 깨닫길 바랍니다.

나만의 징크스 만들기

긴장을 덜 하게 하는 습관이 있다면 적극 활용합시다! 이미 많은 사람들이 자신의 습관을 이용해 긴장을 풉니다. '징크스'라고들 하죠. 시험 전에 키우는 고양이와 산책하는 게 도움이 된다면 그렇게 하세요. 빨간 팬티를 입어야 대사가 잘 기억난다면 그것도 괜찮아요.

밴드 콜드플레이의 리더인 크리스 마틴은 무대에 오르기 전 반드시 이를 닦습니다. 탁구 선수 시절, 저는 탁구 셔츠의 소매를 자르곤 했어요. 그러면 경기에서 이긴다고 생각했지요. 사실 이기기는커녕 경기장에 오는 길에 가위로 무슨 변을 당한 꼴이 됐을 뿐이지만 어쨌든 긴장을 푸는 데에는 도움이 되었답니다.

물론 징크스 자체에 집착해 연습을 게을리하는 건 안 돼요. 징크스 방법은 연습이 충분히 되어 다른 건 다 준비가 된 상황에서, 긴장을 풀어 주는 보조적인 기능만 한다는 걸 명심하세요.

긴장감 즐기기

압박감 속에서 기량을 펼치는 것도 사실 하나의 기술이에요. 무슨 일이든 자꾸 하다 보면 전보다 잘하게 돼요. 그러면 점차 마음의 긴장이 느슨해집니다. 오히려 긴장을 하지 않아서 연습도 대충, 경기에 임하는 자세도 흐트러질 수 있지요. 긴장감을 조절하며 받아들이는 법도 탁월함을 만드는 기제입니다. 긴장할 수 있는 상황을 만들고 이를 잘 받아들이는 연습을 해 보세요. 한번 해 봤는데 망했대도 포기할 이유는 없습니다. 배움의 기회로 삼으면 되니까요. 미국의 테니스 선수 빌리 진 킹은 이렇게 말했습니다. “압박감은 문제가 아니라 특권이다.”

유명인의 실패담 초킹 특집

제니퍼 로런스

미국 배우 제니퍼 로렌스는 2013년 오스카상 시상식에서 여우주연상을 수상합니다. 트로피를 받기 위해 무대로 향하던 그녀는 그만 꽈당 넘어져 버렸습니다. 치렁치렁한 드레스를 입은 상태라 걷기가 어려운 것도 있었지만, 여우주연상이라는 큰 상을 받으러 가는 순간의 압박감도 한몫했을 것입니다. 수많은 사람이 호명된 그녀만 뚫어져라 쳐다보고 있었으니까요.

로리 매킬로이

영국 골프 선수 로리 매킬로이는 2011년 마스터스 대회에 출전했습니다. 마스터스 대회는 골프계에선 매우 중요한 대회였습니다. 매킬로이는 환상적인 경기를 펼쳤습니다. 토너먼트 내내 선두를 달리며 대승리가 눈앞에 다가온 듯 보였지요. 그런데 바로 그때, 매킬로이는 초킹에 휩싸이고 맙니다. 전과 다른 실수를 연발하고 마지막 라운드에 이르러선 중압감을 감당하지 못해 경기를 완전히 망쳐 버립니다. 매킬로이는 수없이 많은 미스 샷을 날리고 실수를 한 나머지 선두를 빼앗겼을 뿐 아니라 기대했던 1위가 아닌 15위로 토너먼트를 마감했답니다.

빌 버크너

1986년, 미국의 명문 야구단 레드삭스는 우승할 수 있는 절호의 기회를 얻게 됩니다. 월드시리즈 6차전, 이번 경기만 이기면 우승컵을 들 수 있었지요. 심지어 레드삭스는 리드를 잡은 채 9회초 마지막 수비를 펼치고 있었습니다. 이제 아웃카운트 단 두 개만 잡으면 우승이었어요. 여기서 빌 버크너라는 1루수가 평범한 1루 땅볼을 마치 알을 까듯 놓치고 맙니다. 어이없는 실수에 승기를 가져가던 분위기는 싸늘하게 식어 버렸고, 이로 인해 레드삭스는 다 이긴 6차전을 놓치지요. 그리고 이어진 7차전에서 패배하며 결국 준우승에 머무르고 말았습니다.

이디나 멘젤

2013년 전 세계를 사로잡은 애니메이션 〈겨울왕국〉의 주제가 '렛 잇 고(Let it go)'를 기억하죠? 이 주제가를 부른 인물이자 주인공 엘사의 성우인 이디나 멘젤은 제86회 아카데미 시상식에 '렛 잇 고'를 부르게 됩니다. 그런데 이날 무대는 작품의 감동을 재연하기 어려울 정도로 엉망이었습니다. 음정, 박자에 실수가 잦았고, 음 이탈도 종종 보였지요. 관객들은 물론이고 시상식을 지켜본 사람들 모두 이디나의 노래가 왜 그리 엉망이었는지 의문을 표했습니다. 아무래도 그녀는 엄청난 인기를 끈 노래를 수많은 사람이 지켜보는 가운데 홀로 부르다 보니 너무나 긴장을 하여 평소 실력을 전혀 못 보여 준 것이 아닌가 싶네요.

그릿 액션 7

초킹에 대비하는 법 ▶▶

중요한 과제나 도전을 앞둔 여러분, 잘할 수 있을까 하는 걱정에 잠을 못 이루고 있을 거예요. 그럴 땐 머릿속으로 여러 상황을 그리며 이미지 트레이닝을 해보는 게 좋습니다. 그리고 특히나 잘못될 수 있는 모든 경우를 상상하고 대처법을 마련해 두면 더욱 좋지요.

다음 단계를 따라 최악의 시나리오를 상상해 보고, 이를 극복할 방안을 마련해 보세요.

1단계 다양한 결말을 상상하기

도전을 성공하는 결말, 마무리는 했지만 본인 기준에는 못 미치는 결말, 그저 그런 결말, 작은 실수를 하는 결말, 큰 실수로 망쳐 버린 결말, 실수를 하다 울어 버린 결말 등 가능한 여러 시나리오를 생각해 봅니다.

2단계 최악의 시나리오 자세히 상상하기

상상한 시나리오 중 가장 최악의 시나리오는 더 자세히 상황을 예측합니다. 연극에서 대사를 까먹는 정도가 아니라 대사를 잊은 게 창피해 무대 밖으로 뛰쳐나가는 정도의 상황을 적어 보세요.

"성장형 사고방식은 노력으로 기본 자질을
기를 수 있다는 믿음에 기초한다."

- 스탠퍼드대 심리학과 교수이자 세계적 명성의 캐럴 드웩 교수

8장

무엇도
날 막을 순
없어!

18

인생은 때로 생각지 못한 변화구를 던진다

어린 시절 차고 탁구대에서 무수한 시간을 보낸 후, 저의 실력은 몰라보게 좋아졌습니다. 하지만 실력을 최대한 끌어내기 위해서는 차고와 동네 탁구 클럽이 아닌 곳에서도 연습을 해야만 했습니다. 보다 강도 높은 훈련이 필요했죠. 차터스 선생님은 노르웨이 베르겐에서 최고의 탁구 감독을 한 분 섭외해 제가 훈련을 받을 수 있도록 도와주었습니다. 노르웨이 베르겐으로 가는 버스표는 엄마가 예매해 주셨어요. 동네 여행사에 가서(당시에는 인터넷도 모바일 기기도 없었으니까요) 20시간을 달려가는 버스표 값을 지불하셨지요.

떠나는 날, 전 한 차례 블록 게임을 즐기고 탁구채와 방한 의류 몇 벌, 노르웨이 화폐 크로네를 얼마 챙겼습니다. 시간이 되어 버스에 오른 후 느긋하게 긴장을 풀었어요. 귀에 꽂은 이어폰에서

변화구

는 1980년대의 팝스타 마이클 잭슨의 노래가 반복해서 나왔습니다. 또 『반지의 제왕』 3부작을 좀 읽다가 앞줄에 앉은 독일 아이들 몇 명과 인사를 나누고 친해졌지요. 그렇게 한참이 지날 때까지도, 저는 버스에 노르웨이 사람은 없고 독일인만 가득하단 사실을 눈치채지 못했습니다.

18시간쯤 달리자 버스는 독일의 고속도로 아우토반 위를 달리고 있었습니다. '노르웨이 가는 길에 독일은 안 지나는데….' 하는 생각이 잠시 머리를 스쳤지만 별다른 의심을 갖지 않았습니다. 버스에서 친해진 클라우스와 위르겐에게 포핸드 스매시 하는 법을 보여 주느라 정신이 없었거든요.

그때 버스가 슬슬 속력을 늦췄습니다. 클라우스와 위르겐은 짐을 챙기기 시작했지요. 서로 손뼉을 마주치며 인사를 나눈 다음, 제 여정은 끝이 났습니다. 오, 마이 갓! 버스가 난데없이 독일 베르겐 정류장에 멈춘 순간에야 깨달은 겁니다. 엄마가 엉뚱한 표를 샀다는 것을요.

세상에 베르겐이 몇 군데나 있을까요? 나중에 알게 됐지만 딱 두 군데뿐입니다. 노르웨이와 독일이요.

당시 전 열다섯 살이었습니다. 내비게이션 기능이 있는 휴대폰도 없었고, 인터넷이 되는 컴퓨터도, 신용카드도 한 장 없었습니다. 그 상황에서 가장 합리적인 선택은 버스 운전사에게 레딩으로 다시 돌아갈 예정인지 알아보는 일이었을 겁니다. 하지만 전 그러지 않았습니다. 대신 노르웨이까지 히치하이크 하기로 했지요. 여기서 집으로 돌아간다는 선택지는 제게 없었던 겁니다(물론 이런 짓은 절대 하면 안 돼요. 위험하기도 하거니와 전혀 재미있지도 않습니다).

아무튼 이 일은 그저 제가 바보같이 표를 혼동하고 정신을 똑바로 안 차린 에피소드로 보일 수도 있습니다. 그러나 저에게 이 경험은 그릿과 투지 그리고 성공 가능성이 희박한 상태에서도 포기를 모르는 정신이 필요하다는 깨달음을 주었습니다. 그리고 한 가지 더 중요한 삶의 진리를 알려 주기도 했지요. 바로 인생은 때로 변화구를 던진다는 것입니다.

살다 보면 '도대체 이제 어쩌면 좋지?' 하는 순간이 생깁니다. 생각지도 못한 변수가 여러분의 계획에 큰 발을 들이밀고 버틸 수 있어요. 독일의 베르겐에 가거나 클라우스와 위르겐을 만나는 일만큼 스펙타클한 일은 아닐지라도 여러분에게 그런 순간은 분명 찾아옵니다. 이 순간이 오면 순식간에 포기하고 싶은 마음이 불쑥 솟아오릅니다. 그리고 다시 밀어냈던 고정형 사고방식의 말들이 머릿속을 돌아다니기 시작하지요.

그러니까 세상이 주는 변화구에 대비를 합시다. 어떠한 힘든 순간이 와도 맞설 만반의 준비를 하자고요. 성장형 사고방식으로 무장한 채, 그릿을 단단히 쥐고 변화구에 당당히 맞붙읍시다.

결국 저는 노르웨이에 도착했습니다. 독일 베르겐에 도착한 지 나흘이 지난 후의 일이에요. 그사이 인터폴이 저를 찾았다고 하더군요. 노르웨이의 탁구 감독님이 엄마에게 전화해서 제가 안 왔다고 알린 까닭이었습니다. 노르웨이를 찾아가며 저는 덴마크의 한 기차역을 거쳤는데, 그곳 벤치에서 깜빡 잠이 든 사이 가진 물건을 몽땅 도둑맞기도 했습니다. 보온 조끼는 물론이고 여권도, 노르웨이 돈도 사라진 지 오래였죠. 노르웨이에 도착했을 땐 살이 떨리게 추웠어요. 하지만 어쨌든 저는 끝내 목적지에 도착했고 이어진 훈련까지 잘 해냈습니다.

여러분이 어떤 여정을 선택하건 도착지에 이르는 방법은 중요하지 않습니다. 일단 시작하세요. 상황이 힘겨워지면 이를 악물어 봅시다. 그러다 보면 결국 목적지에 와 있을 겁니다.

"한 번도 실수를 안 한 사람은 한 번도 새로운 것을 시도하지 않은 사람이다."

- 알베르트 아인슈타인

19

끝까지 해내는 에너지를 얻는 비결

우리가 존경하는 뛰어난 인물들은 지난한 연습 과정이나 위기 상황에서도 흔들리지 않는 놀라운 집중력을 보여 줍니다. 그리고 대결을 멋지게 승리로 장식하는 집요한 근성도 가지고 있지요. 이렇게 어떤 일을 시작하고 끝을 맺기까지에는 '에너지'가 필요합니다.

에너지를 기르고 발산하는 법은 여러 가지가 있어요. 가장 기본적인 것들을 아래에 소개합니다. 자신의 일상과 연습 과정에 이를 반영하여 더욱 효과적으로 그릿을 빛내 보세요.

튼튼한 체력

모든 일의 기본은 체력! 건강한 신체에 건강한 정신이 깃든다고 하지요. 여러분이 잘하고 싶은 일이 운동이든, 공연이든, 공부든 원하는 목표까지 가기 위해선 건강이 필수예요. 몸이 아파 연습을 쉬면 그때까지 연습하여 만들어 둔 신경 경로가 사라질 수 있습니다. 끝까지 해내는 힘은 체력에서 시작한다는 것을 잊지 마세요.

자기 자신을 믿으며 얻은 강인한 정신력

끝까지 해내는 여정에 우리는 숱한 불안과 위기를 만납니다. 그때마다 무기력해지기도 하고 예민해지기도 하지요. 이 순간을 지나야만 최종 목표에 가까워집니다. 이를 위해 앞서 여러 개념과 실천법을 소개했습니다.

하지만 이때 가장 중요한 신념이 여러분 안에 자리해야 앞서 소개한 방법들이 힘을 얻을 수 있어요. 바로 '나는 해낼 수 있다.'는 믿음입니다. 플라시보 효과를 알고 있나요? 실제로 효과가 없는 약을 먹어도 그 약이 효과가 있을 것이라 믿음으로써 효과를 보는 현상을 말하지요.

나 자신을 믿는 것도 이와 마찬가지입니다. 할 수 있다고 믿으면 할 수 있습니다. 지금 연습하는 것이 효과가 있을 거라고 믿으면 정말 효과가 있습니다. 믿음은 여러분의 정신력을 강하게 해 줍니다. 그래서 목표로 가는 길에서 만난 방해물들도 걷어차게 해 줄 것입니다.

몰입을 불러오는 뚜렷한 목적의식

맨 처음 탁구를 접했을 때, 저의 목표는 아빠의 서브를 받는 것이었습니다. 그다음은 형을 이기는 것, 오메가 클럽의 열쇠를 얻는 것이었죠. 이 목표들은 결국 '탁구를 잘 치고 싶다.'라는 뚜렷한 목적의식에 연결되었습니다. 탁구를 잘 치겠다는 가장 큰 목적지로 가기 위해 각각의 다양한 목표를 끝까지 해낼 수 있었던 거지요. 고단한 연습을 하다 보면 종종 '내가 왜 이걸 하고 있지?'라는 생각이 들 때가 있습니다. 목적의식을 잃어버린 것인데, 이러면 갑자기 온몸에 힘이 빠지며 의욕이 사라집니다.

항상 잘 보이는 곳에 여러분의 목적을 써 두세요. 그림으로 그려 놓아도 좋고 사진을 찾아도 좋습니다. 길을 잃지 않을 이정표를 항상 보이는 곳에 두고 보세요. 그것이 여러분이 끈기 있게 매달려야 하는 이유입니다.

연습을 통해 얻은 통찰력

가끔 우리는 의사가 별로 고민하는 기색도 없이 우리의 병명을 진단하는 경우를 봅니다. 또 화재 현장에서 어디로 돌입할지 고민도 않고 곧바로 진입하며 사람을 구출해 내는 소방관도 보지요. 이렇듯 어떤 일을 반복해 연습하면 감각적으로 일을 직감하는 통찰력이 생깁니다. 이 덕분에 에너지를 크게 소모하지 않고 에너지를 모아 끝까지 해내는 과정을 견딜 수 있습니다.

생각해 보세요. 모든 연습 단계마다 매번 애써 에너지를 더해야 한다면 끝까지 해내기 위해 얼마나 많은 에너지가 필요할지를요. 그러나 반복된 연습으로 통찰력을 얻게 되면, 어떤 단계에서는 굳이 에너지를 들이지 않을 수 있고 그보다 더 어려운 연습을 할 때 조금 더 몰입할 기회를 줍니다.

즐기는 자세

천재는 즐기는 자를 이기지 못한다는 말이 있습니다. 재미에 대한 욕구는 우리 인간의 본능이니까요. 실제로 즐거울 때 우리 뇌도 신이 나 더욱 에너지를 발산합니다.

그런데 혹시 '앞에서 얼굴이 찡그려질 정도로 혹독하게 연습하라고 해 놓고 즐기라니, 앞뒤가 안 맞잖아?'라고 생각한 친구가 있나요? 연습 자체를 즐길 수 있도록 해 보자는 말입니다.

연습을 하는 그 순간은 몸도 힘들고 머리도 아프고 짜증이 날 수 있어요. 그런데 그 시간이 지나고 나면 어떤가요? 개운하고, 뿌듯해서 스스로가 자랑스러워집니다. 자신의 능력도 어제보다 오늘이 좋아졌을 것이고, 오늘보다 내일 더 나아질 거란 생각에 기대감이 생길 거예요. 이렇게 끝까지 해나가는 모든 과정을 자랑스러워하고 기대하며 즐기라는 것입니다.

여러분은 특별한 사람이니까요!

20

해내는 것 자체가 중요하다

전 도시 근교 마을에 사는 평범한 아이였습니다. 재능으로 따지자면 별 볼 일 없이 시작했고요. 하지만 열심히, 그리고 제대로 훈련했고 모든 일에 투지와 집중력을 발휘해 노력했습니다. 이 점은 스스로도 자랑스럽습니다. 저는 정말 훌륭한 탁구 선수가 되고 싶었습니다. 그런다고 제가 역사에 남는 일은 없겠지만, 그래도 전 탁구를 탁월하게 잘하게 되었고 정말로 즐겼어요. 그 과정에서 전 세계를 다니며 대단한 사람들도 많이 만났고요.

글쓰기도 마찬가지였습니다. 처음 글쓰기를 시작할 무렵엔 무척 어설펐습니다. 담당 편집자는 “글이 참 투박하네요!”라고 자주 말하곤 했지요. 그렇지만 글을 잘 쓰고 싶은 마음은 그 누구보다 간절했어요. 전 독자가 읽기에 가장 좋은 글을 쓰고자 있는 힘을 다해 노력했습니다. 지금도 노력하고 있고요.

이제는 글을 쓴 지 20년이 지났습니다. 그간 수많은 기사와 책을 썼지요. 기사 하나하나, 책 한 권 한 권을 쓸 때마다 저는 최고의 작품을 만들고자 노력했습니다. 분명 노력하면 결과가 좋으리라 믿어 의심치 않았어요. 제가 가진 최고의 그릿은 쉽사리 단념하지 않으며 전부를 쏟지 않으면 절대 만족하지 않는 열정이라는 걸 스스로 잘 알고 있었으니까요.

여러분도 꼭 올림픽 챔피언이나 노벨상 수상자 혹은 대통령이 되라고 다그치는 건 아니에요. 그런 위대한 업적을 남기라고 강요하고 싶지도 않고 또한 '남들보다' 못하는 것에 자극받으라는 말도 하지 않을 거예요. 목적지에 나홀 늦게 도착해도 상관없어요. 그저 저는 단 한 가지를 강조하고 싶을 뿐이에요.

'끝까지 해내는 것'입니다. 위험을 무릅쓰고 실패를 두려워하지 않으며 혼신의 힘을 다해 끝까지 가 보라는 겁니다.

여러분이 될 수 있는 한 최고가 되는 것을 목표로 삼고 나아가세요. 그러면 언젠가 분명 목표에 도달해 있는 자신을 발견할 겁니다. 왜냐하면 여러분은 특별한 사람이니까요!

5단계 그릿 훈련법

GRIT

어려움이 닥칠 때, 실패가 반복될 때, 그만 포기하고 싶을 때…… 이런 여러 가지 장애물 속에서도 목표를 생각하며 꾸준히 노력하는 사람만이 끝내주는 성취의 기쁨을 느낄 수 있습니다. 그리고 이것이 '그릿(grit)'의 힘입니다.

성취는 타고난 재능으로 결정되는 것이 아니라 끝까지 해내는 끈기에서 비롯된다는 '그릿'의 중요성이 점점 더 강조되고 있습니다. 특히 조금만 힘들어도 쉽게 포기하고 금방 성과가 나타나기를 바라는 요즘 청소년들에게 그릿의 가치를 일깨워 주는 것은 더욱 중요해지고 있지요.

지금까지 익힌 그릿의 개념부터 실천법까지 여러분이 직접 정리해 보면서 그릿을 한 단계 더 향상시켜 보세요. 이번 기회에 그릿을 여러분의 것으로 만든다면 무슨 일이든 자신 있게 해낼 수 있습니다. 중요한 것은 재능이 아니라 그릿입니다!

이름 ______________________

학교 및 학년 ______________________

연락처 ______________________

나의 '그릿' 지수 체크해 보기

Q. 나는 얼마나 그릿을 가졌을까요? 그릿이란 무엇이고 그릿을 키우는 방법을 실천하기 전, 여러분의 그릿 지수를 스스로 평가해 보세요.

01 처음의 목표를 끝까지 해내고 한번 시작한 일은 끝장을 본다. (전혀 | 거의 | 가끔 | 자주 | 항상)

02 실패나 도전에 맞서 다시 일어설 수 있다. (전혀 | 거의 | 가끔 | 자주 | 항상)

03 지금 이 순간 무엇이 기분 좋게 만드는지 뿐만 아니라 장기적으로 무엇이 기분 좋게 만드는지를 생각할 수 있다. (전혀 | 거의 | 가끔 | 자주 | 항상)

04 능력은 연습으로 키울 수 있다. 재능, 소질, 기량은 발전할 수 있는 것이다. (전혀 | 거의 | 가끔 | 자주 | 항상)

05 무엇이든 한번 시도해 봐야 한다. 노력을 쏟는 것이야말로 성취를 이루는 유일한 방법이다. (전혀 | 거의 | 가끔 | 자주 | 항상)

06 누구나 실수한다. 실수는 부끄러운 일이 아니며 내가 무엇을 모르는지 정확히 알려 준다. (전혀 | 거의 | 가끔 | 자주 | 항상)

07 피드백을 감사히 여긴다. 어디가 잘못됐는지 모르면 절대 나아질 수 없다. (전혀 | 거의 | 가끔 | 자주 | 항상)

08 나는 도전을 반긴다. 새로운 일을 시도하는 것만이 배움에 이르는 유일한 길이다. (전혀 | 거의 | 가끔 | 자주 | 항상)

09 처음부터 잘하지 않아도 신경 쓰지 않는다. 다음에, 아니면 그다음에는 잘하게 될 것이다. (전혀 | 거의 | 가끔 | 자주 | 항상)

10 뜻한 대로 풀리지 않을 때는 주위에 도움을 요청하자. 도움을 통해 나는 문제를 해결할 수 있다. (전혀 | 거의 | 가끔 | 자주 | 항상)

11 항상 남들은 어떻게 목표에 도달했는지 알아내려 노력한다. (전혀 | 거의 | 가끔 | 자주 | 항상)

12 처음에 바보처럼 보여도 상관없다. 아예 안 하는 것보다 무엇이든 해 보는 것이 지름길이다. (전혀 | 거의 | 가끔 | 자주 | 항상)

13 나는 나의 강점과 약점을 한다. 개선하고 싶은 분야에서 열정을 가질 방법을 늘 찾는다. (전혀 | 거의 | 가끔 | 자주 | 항상)

14 성취를 이루는데 장벽이 있는 것은 당연하다. 장벽은 디딤돌일 뿐이다. (전혀 | 거의 | 가끔 | 자주 | 항상)

15 나는 어떤 행동을 할지 스스로 결정하고 이것을 동기를 북돋는데 도움이 된다. (전혀 | 거의 | 가끔 | 자주 | 항상)

16 학교 과제에 관한 그릿이 있나요? 예를 들어, 당신은 과제, 시험, 평가에 관한 도전을 계속하고 어려움을 극복하는가? (전혀 | 거의 | 가끔 | 자주 | 항상)

17 당신은 상황이나 인간관계에 있어서 그릿을 가졌는가? 예를 들어 친구와의 사이에서 문제가 생겼을 때 문제를 정면으로 마주보고 갈등을 해결할 수 있는가? (전혀 | 거의 | 가끔 | 자주 | 항상)

18 당신은 건강에 대한 그릿을 가졌는가? 예를 들어 규칙적인 운동과 수면, 그리고 식습관을 유지할 수 있는가? (전혀 | 거의 | 가끔 | 자주 | 항상)

19 당신은 예체능 같은 외부 액션에 그릿을 가졌는가? 훈련을 하고 포기하지 않고 실패를 딛고 다시 일어설 수 있는가? (전혀 | 거의 | 가끔 | 자주 | 항상)

20 당신은 감정 그릿을 가졌는가? 우울하고 걱정거리가 있고 화가 났을 때 효과적으로 극복할 수 있는가? 공포를 회피하기보다는 직면하는가? (전혀 | 거의 | 가끔 | 자주 | 항상)

간단한 점검을 통해 자신의 그릿 지수를 확인해 볼 수 있어요. 각 항목마다 '가끔' 이상일 경우 여러분은 그릿 사고방식을 가지고 있습니다. 각 항목마다 '가끔' 이하일 경우 긍정적인 사고방식을 통해 그릿을 더욱 키울 필요가 있습니다. 그릿 지수를 확인했다면 이제 그릿의 개념과 실천법을 살펴 봅시다.

1단계 그릿 이해하기

:그릿이 무엇인지, 그것이 왜 중요한지를 알아봅시다.

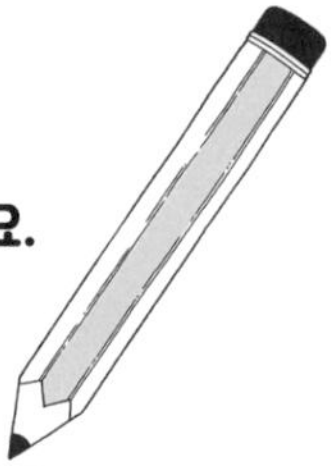

● 그릿이란 무엇인가요? 그릿을 여러분만의 말로 정의내려 보세요.

● 그릿은 왜 중요한가요?

● **어려운 일을 해내어 그릿을 발휘했던 적이 있나요? 그때의 성공 요인을 적어 보세요.**

● **그릿이 부족해서 포기하고 만 일이 있나요? 그때 어떤 기분이 들었나요?**

▶ 이제 2단계로 넘어가 나는 얼마나 그릿을 가지고 있는지 확인해 봅시다.

2단계 나의 그릿 알기

:나는 얼마나 그릿을 가졌을까요? 지금부터 스스로 그릿을 체크해 봅시다.

질문	1. 전혀	2. 거의	3. 가끔	4. 자주	5. 항상
처음의 목표를 끝까지 해내고 한번 시작한 일은 끝장을 보나요?					
실패나 도전에 맞서 다시 일어설 수 있나요?					
지금 이 순간 무엇이 기분 좋게 만드는지뿐만 아니라 장기적으로 무엇이 기분 좋게 만드는지를 생각할 수 있나요?					
학교 과제에 관한 그릿이 있나요? 예를 들어, 당신은 과제, 시험, 평가에 관한 도전을 계속하고 어려움을 극복하는가?					
당신은 상황이나 인간관계에 있어서 그릿을 가졌는가? 예를 들어 친구와의 사이에서 문제가 생겼을 때 문제를 정면으로 마주보고 갈등을 해결할 수 있는가?					
당신은 건강에 대한 그릿을 가졌는가? 예를 들어 규칙적인 운동과 수면, 그리고 식습관을 유지할 수 있는가?					
당신은 예체능 같은 외부 액션에 그릿을 가졌는가? 훈련을 하고 포기하지 않고 실패를 딛고 다시 일어설 수 있는가?					
당신은 감정 그릿을 가졌는가? 우울하고 걱정거리가 있고 화가 났을 때 효과적으로 극복할 수 있는가? 공포를 회피하기보다는 직면하는가?					

● **당신이 이미 그릿을 보여주고 있는 분야는 어떤 것인가요?**

● **당신이 그릿을 더 향상시켜야 하는 분야는 어떤 것인가요?**

▶ 당신의 약점을 파악했나요? 3단계에서는 지금 가장 해내고 싶은 목표를 정하고 실천해 봅시다.

3단계 그릿 발달시키기

:당신이 가장 간절하게 이루고 싶은 것을 목표로 삼고 그릿을 발달시켜 봅시다.

● 가장 이루고 싶은 목표는 무엇인가요?

● 이 목표는 나에게 얼마나 중요한가요? 이 목표를 이루면 나에게 어떤 효과가 있나요?

- 이 목표를 달성하는데 들어가는 시간과 비용, 노력은 어느 정도인가요?

- 내 목표를 이루기 위해 어떤 행동을 연습하고 있나요?

- 목표를 이루기 위해 어떠한 노력이 더 필요한가요?

● **타고난 재능이 아니라 노력하면 변할 수 있다는 성장형 사고방식이 담긴 '그릿' 언어로 바꿔 봅시다.**

내 머릿속 부정적 언어들 ⇒ 긍정적 언어로 바꾸기	
이 수학 문제는 너무 어려워. 포기할래!	이 문제는 어렵지만 나는 풀고 말거야. 어렵다는 걸 느끼는 것도 내가 배우고 있다는 증거야.
아, 피곤해. 운동은 하지 않을래.	피곤해도 운동을 하고 나면 기분이 좋아져.
나는 야구에 재능이 없어, 오늘 경기에서도 공을 못 쳤잖아.	연습만 한다면 다음번에는 더 잘할 거라 장담해.
나는 어려운 도전은 하고 싶지 않아. 유능해 보여야 하니까.	우수한 사람들에게 둘러싸여서 그들에게 배우고 싶어.

▶ 자신의 목표와 그릿 수준을 파악했다면 4단계에서는 그릿을 실천해 봅시다.

4단계 그릿 실천하기

: 당신이 가장 간절하게 이루고 싶은 것을 목표로 삼고 그릿을 발달시켜 봅시다.

- **지금 여러분이 하고 있는 훈련이나 연습은 무엇인가요? 그것들을 좀 더 혹독하게 하는 방법을 생각해 볼까요? 다음 표에 현재 여러분이 연습하고 있는 것과 앞으로의 연습을 어떻게 더 발전시킬지를 적어 보세요.**

훈련 계획표	
내가 잘하고 싶은 일	
원하는 최종 목표	

최종 목표부터 역산한 단계별 세부 연습 목표 *목표는 최대한 세분화하여 잡는다. *세부 연습 목표에 더욱 혹독한 연습을 하기 위한 플러스알파 목표를 쓴다(정말 이루기 어려워 보이는 목표)	
연습 후 고칠 점과 달성 정도 자체 평가	

5단계 그릿 피드백하기

: 도전할 목표를 작은 부분으로 나눈 다음 각각에서 개선할 부분을 찾아보세요. 그리고 진단을 통해 나온 문제점을 어떻게 보완할지 바로 옆에 구체적 방법을 작성하세요.

● **목표했던 분야에서 원래 그릿은 어느 정도였나요?**

● **지금 그릿은 어느 정도인가요? 당신이 그릿 목표로 정한 영역에서 강해졌나요?**

그릿 정도 ------------------------------ ☐ 그렇다 / ☐ 아니다

● 당신이 그린 목표를 더 탁월하게 만들기 위해서 개선해야 할 점을 정리해 보세요.

한계 이득 진단하기		
목표 (잘하고 싶은 일)	예) 제과제빵 자격증 취득	
목표와 관련된 작은 부분들↓	**현재 상태 진단** ⇒	**한계 이득 계획**
예) 연습 공간	장소는 넓으나 도구 중 없는 게 있어 연습 시간이 길어질 때가 있다.	필요한 도구를 생각해 본 후 용돈에 무리되지 않는 선에서 구매한다.

목표와 관련된 작은 부분들↓	현재 상태 진단 ⇒	한계 이득 계획

● 당신은 그릿 행동을 습관으로 바꾸어놓는 단계에 이르렀나요?

☐ 그렇다 / ☐ 아니다

● 당신이 그릿 행동을 강화하기 위해 좀 더 노력할 행동은 무엇인지 적어 보세요.

▶ 지금까지 그릿실천법 5단계를 실천했습니다. 이제 이 그릿 훈련법을 다른 목표에도 적용해 보세요. 여러분은 해낼 수 있습니다. 이미 충분히 멋있으니까요!

청소년을 위한 꿈과 자신감의 비결
10대를 위한 그릿

초판 1쇄 발행 2019년 4월 25일
초판 15쇄 발행 2024년 6월 18일

지은이 매슈 사이드
옮긴이 장혜진
펴낸이 김선식

부사장 김은영
콘텐츠사업본부장 박현미
콘텐츠사업7팀장 김단비 **콘텐츠사업7팀** 권예경, 이한결, 남슬기
마케팅본부장 권장규 **마케팅1팀** 최혜령, 오서영, 문서희 **채널1팀** 박태준
미디어홍보본부장 정명찬 **브랜드관리팀** 안지혜, 오수미, 김은지, 이소영
뉴미디어팀 김민정, 이지은, 홍수경, 서가을, 문윤정, 이예주
크리에이티브팀 임유나, 변승주, 김화정, 장세진, 박장미, 박주현
지식교양팀 이수인, 염아라, 석찬미, 김혜원, 백지은
편집관리팀 조세현, 김호주, 백설희 **저작권팀** 한승빈, 이슬, 윤제희
재무관리팀 하미선, 윤이경, 김재경, 이보람, 임혜정
인사총무팀 강미숙, 지석배, 김혜진, 황종원
제작관리팀 이소현, 김소영, 김진경, 최완규, 이지우, 박예찬
물류관리팀 김형기, 김선민, 주정훈, 김선진, 한유현, 전태연, 양문현, 이민운
외부스태프 **원고 정리** 박지선 **표지 디자인** 이인희 **본문 디자인** 박재원

펴낸곳 다산북스 **출판등록** 2005년 12월 23일 제313-2005-00277호
주소 경기도 파주시 회동길 490 다산북스 파주사옥
전화 02-704-1724 **팩스** 02-703-2219 **이메일** dasanbook@dasanbooks.com
홈페이지 www.dasanbooks.com **블로그** blog.naver.com/dasan_books
용지 IPP **인쇄** 민언프린텍 **코팅 및 후가공** 평창피앤지 **제본** 다온바인텍

ISBN 979-11-306-2162-3 (43330)